La collection
RÉVERBÉRATION
est dirigée par

Le sortilège des chemins

<small>DU MÊME AUTEUR</small>

Le pavillon des miroirs, roman, Montréal, XYZ éditeur, 1994; Montréal, Éditions Club
  Québec-Loisirs, 1995; La Tour d'Aigues (France), Éditions de L'Aube, 1999; *El
  pabellón de los espejos*, Guadalajara (Mexique), Editorial Conexión Gráfica, 1999; *Fun
  House*, Toronto, Dundurn Group-Simon & Pierre, 1999; *A casa dos espelhos*, Rio de
  Janeiro (Brésil), Editora Record, 2000; Montréal, Lévesque éditeur, 2010 (Grand
  Prix du livre de Montréal, 1994; Prix de l'Académie des lettres du Québec, 1994;
  Prix Québec-Paris, 1994; Prix Desjardins du Salon du livre de Québec, 1995).
Negão et Doralice, roman, Montréal, XYZ éditeur, 1995; La Tour d'Aigues (France),
  Éditions de L'Aube, 1999; Montréal, Lévesque éditeur, 2011.
Errances, roman, Montréal, XYZ éditeur, 1996; Montréal, Lévesque éditeur, 2011.
Les langages de la création, conférence, Québec, Nuit blanche éditeur, 1996.
L'art du maquillage, roman, Montréal, XYZ éditeur, 1997; *The Art of Deception*, Toronto,
  Dundurn Group-Simon & Pierre, 2002; Paris, Les 400 coups, 2005; Montréal,
  Lévesque éditeur, 2011 (Grand Prix des lectrices de *Elle Québec*, 1998).
Un sourire blindé, roman, Montréal, XYZ éditeur, 1998; Montréal, Lévesque éditeur, 2010.
Le maître de jeu, roman, Montréal, XYZ éditeur, 1999; *Mistrz gry*, Warszawa (Pologne),
  Wydawnictwo „Książnica", 2007; Montréal, Lévesque éditeur, 2011.
La danse macabre du Québec, Montréal, XYZ éditeur, 1999 (épuisé).
Saltimbanques, roman, Montréal, XYZ éditeur, 2000; Montréal, Lévesque éditeur, 2011
  (avec *Kaléidoscope brisé*).
Kaléidoscope brisé, roman, Montréal, XYZ éditeur, 2001; Montréal, Lévesque éditeur, 2011
  (avec *Saltimbanques*).
Le magicien, roman, Montréal, XYZ éditeur, 2002; *El mago*, México, Conaculta, 2004;
  Montréal, Lévesque éditeur, 2012 (Prix Québec-Mexique, 2003).
Les amants de l'Alfama, roman, Montréal, XYZ éditeur, 2003; Montréal, Lévesque éditeur,
  2012.
L'amour du lointain, récit en marge des textes, Montréal, XYZ éditeur, 2004; Montréal,
  Lévesque éditeur, 2012.
La gare, roman, Montréal, XYZ éditeur, 2005; *La estación*, Barcelone (Espagne),
  Montesinos, 2008; México, Educación y cultura, 2008; Montréal, Lévesque éditeur,
  2010 (Prix France-Québec, prix des lecteurs, 2006).
Le fou de Bosch, roman, Montréal, XYZ éditeur, 2006; Montréal, Lévesque éditeur, 2012.
Le retour de Lorenzo Sánchez, roman, Montréal, XYZ éditeur, 2008; Montréal, Lévesque
  éditeur, 2010.
Dissimulations, nouvelles, Montréal, Lévesque éditeur, 2010.
Clandestino, roman, Montréal, Lévesque éditeur, 2011.
Amerika, roman, Montréal, Lévesque éditeur, 2012.
Culs-de-sac, nouvelles, Montréal, Lévesque éditeur, 2013.
Makarius, roman, Montréal, Lévesque éditeur, 2014.

Sergio Kokis

Le sortilège des chemins

récit

avec six paysages de sentiers peints par l'auteur

Lévesque
éditeur

RÉVERBÉRATION

Catalogage avant publication
de Bibliothèque et Archives nationales du Québec et Bibliothèque et Archives Canada
Kokis, Sergio
Le sortilège des chemins : récit
(Réverbération)
ISBN 978-2-924186-74-9
1. Kokis, Sergio, 1944- — Voyages — Espagne — Saint-Jacques-de-Compostelle. 2. Pèlerinages chrétiens
— Espagne — Saint-Jacques-de-Compostelle. 3. Romanciers québécois — 20ᵉ siècle — Biographies. I. Titre.
II. Collection : Réverbération.
PS8571.O683Z472 2015   C843'.54   C2014-942619-4
PS9571.O683Z472 2015

Lévesque éditeur remercie le Conseil des arts du Canada (CAC)
et la Société de développement des entreprises culturelles du Québec (SODEC)
de leur soutien financier.

Lévesque éditeur
11860, rue Guertin
Montréal (Québec) H4J 1V6
Téléphone : 514.523.77.72
Télécopieur : 514.523.77.33
Courriel : info@levesqueediteur.com
Site Internet : www.levesqueediteur.com

Dépôt légal : 1ᵉʳ trimestre 2015
Bibliothèque et Archives Canada
Bibliothèque et Archives nationales du Québec
ISBN 978-2-924186-74-9 (édition papier)
ISBN 978-2-924186-75-6 (édition numérique)

Distribution au Canada   **Distribution en Europe**
Dimedia inc.   Librairie du Québec
539, boul. Lebeau   30, rue Gay-Lussac
Saint-Laurent (Québec) H4N 1S2   75005 Paris
Téléphone : 514.336.39.41   Téléphone : 01.43.54.49.02
Télécopieur : 514.331.39.16   Télécopieur : 01.43.54.39.15
www.dimedia.qc.ca   www.librairieduquebec.fr
general@dimedia.qc.ca   libraires@librairieduquebec.fr

Production : Jacques Richer
Conception graphique et mise en pages : Édiscript enr.
Illustration de la couverture : Sergio Kokis, *Sentier* (détail), huile sur masonite, 51 cm × 61 cm, 2014
Photographie de l'auteur : Ilse Ottensmeyer

À Ilse, main dans la main.

Ne me suis pas, je ne saurais te guider.
Ne me devance pas, je ne saurais te suivre.
Avançons main dans la main ;
peut-être arriverons-nous alors quelque part.

Écrit sur un mur
du chemin de Compostelle

Marcheur, ce sont tes traces
le chemin, rien d'autre ;
marcheur, il n'y a pas de chemin,
le chemin se fait en marchant.
En marchant on chemine,
et quand on regarde en arrière
on voit le sentier que jamais
on ne foulera plus.
Marcheur, il n'y a pas de chemin,
seulement des sillons sur la mer.

ANTONIO MACHADO, *Champs de Castille*

Un

Plus de dix années ont passé depuis que j'ai terminé l'écriture de *L'amour du lointain*, ce récit en marge des textes que mes éditeurs d'alors avaient accepté de publier pour marquer mon soixantième anniversaire de naissance. À ce moment-là, je croyais que j'allais simplement entrer dans une vieillesse tranquille, en poursuivant mon double travail de peinture et d'écriture. Je me sentais très serein après la prise de conscience de ma dualité que cet exercice de réflexion m'avait permis d'atteindre. En effet, un équilibre entre les deux versants de ma passion imaginative avait enfin été trouvé ; l'orgueil du langage devant le silence des images avait cédé la place à une sorte de respect mutuel entre ces deux mondes. L'échec même de mes tentatives de dire le fait plastique à travers la parole — tant dans ce récit-là que dans mes romans — avait en quelque sorte aidé à créer ce respect nouveau. C'est comme si la clarté du langage avait enfin reconnu la profondeur mystérieuse et nécessaire des représentations graphiques, sans plus vouloir tout expliquer ou tout rendre conscient. Aussi, je sentais que j'étais en voie de faire la paix avec cette identité en mosaïque, en acceptant enfin — comme cela arrive dans la peinture, dans la gravure ou lors de midis très ensoleillés — que

Sergio Kokis, *Sentier 1*, huile sur masonite, 51 cm × 61 cm, 2014.

la véritable lumière est d'autant plus brillante qu'elle s'accompagne de larges zones d'ombre. Ou que la lucidité authentique implique toujours les grands contrastes pour se manifester sans fadeur.

J'ignore si cette sérénité était uniquement le fruit d'un travail de réflexion sur ma vie ou si elle était la conséquence naturelle du seul vieillissement, de l'apaisement des sens et d'une sagesse qui s'installe par la prise de conscience du peu de temps qu'il nous reste à vivre. Ou bien si elle résultait du fait que la vanité de tout recommencer nous paraît alors sinon ridicule, du moins démesurée et passablement fatigante. Mais, dans mon cas, tout cela s'est manifesté de façon assez étonnante après la publication de ce livre. Et à moins de croire à un bouleversement hormonal précédant l'entrée dans la sénilité, je dois me rendre à l'évidence que ce récit en marge de mes textes a eu l'effet d'une réelle conversion. Tout s'est passé comme si j'avais absorbé une dose massive de zénitude, sans aucunement vouloir me défendre pour protéger mon ancien mode de vie. Je ne sais pas comment ni pourquoi, mais je me suis vu aussitôt transformé au point de parfois ne plus me reconnaître. Il s'agissait d'un bouleversement aussi inattendu que celui de mon entrée en littérature dix ans auparavant. Cette fois cependant, j'en suis persuadé, cela venait de mes coins d'ombre après les échecs du langage, et s'accompagnait d'un silence renouvelé, éblouissant. Un silence à faire pâlir celui de la mort, qui me fascinait tant auparavant.

Je livre au lecteur qui m'a accompagné jusqu'ici cet autre exemple de comment un simple geste de créativité individuelle, ludique, peut nous mener à des constructions originales de notre propre existence ; de comment il est possible, où que l'on soit rendu dans la vie, de secouer encore la routine pour affronter de nouvelles situations. Surtout qu'à soixante ans je me conformais volontiers à mes passions habituelles, déjà assez exigeantes en temps et en efforts. Et que j'étais persuadé qu'aucune métamorphose significative, autre que la maladie et la mort, ne viendrait plus secouer l'être que j'étais alors devenu. C'était méconnaître la séduction des aventures pointant à l'horizon lorsque nous avons déjà harnaché les anciens défis.

Il sera encore beaucoup question de mes écrits et de mes peintures dans ce récit, car une nouvelle passion ne fait qu'enflammer les passions antérieures pour les rendre plus vivantes. Mais c'est aussi une histoire d'amour et de voyages, de beaucoup de voyages. Et si le lecteur veut une piste pour identifier mes lubies actuelles, il n'a qu'à se souvenir du long poème sur Ulysse de Nikos Katzanzakis, dont il a été vaguement question dans *L'amour du lointain*. Voici comment tout a commencé.

.

Pour comprendre le contexte de ce qui va suivre, il faut que le lecteur sache que je n'ai jamais rien eu d'un sportif. Certes, j'avais joué un peu au foot et au basket dans mon enfance et ma jeunesse, j'avais nagé et, plus tard, j'avais pratiqué un peu de lutte et d'escalade de rochers. Mais depuis mon départ du Brésil à l'âge de vingt-trois ans, je n'avais plus pratiqué aucun sport. Le temps que mon travail laissait à l'exercice de mes passions était trop restreint pour que je le gaspille à des dépenses physiques. J'en suis même venu à considérer les activités sportives comme une occupation convenant surtout à la jeunesse ou aux gens sans trop d'imagination. Encore aujourd'hui, seules les soirées de boxe ou de lutte à la télévision peuvent parfois éveiller mon intérêt.

Après que j'eus déposé le manuscrit de *L'amour du lointain* chez l'éditeur, je croyais fermement avoir réglé mes comptes avec l'écriture, et je me réjouissais de ma liberté retrouvée. Plus question de donner des entrevues ou des conférences sur mes livres, car tout ce qu'il y avait à dire à ce sujet était contenu dans ce récit-là. Je me souviens d'avoir alors attaqué avec plaisir une pile de bandes dessinées qu'on m'avait prêtées. Or, parmi ces albums il y en avait un qui traitait d'un voyage à pied, que le dessinateur et sa copine avaient fait depuis le centre de la France jusqu'à Saint-Jacques-de-Compostelle. Les aquarelles illustrant le texte étaient fort jolies, même si l'histoire racontée était passablement agaçante. En effet, l'auteur semblait être un type qui adorait se plaindre, et il ne se privait pas de maudire les difficultés et les inconforts que ce voyage l'avait condamné à subir. Pourtant, personne ne l'avait obligé à entreprendre ce périple. Il avouait qu'il avait décidé de partir en pèlerinage dans l'espoir de s'éloigner de ses problèmes personnels, ou pour rompre avec sa façon d'être antérieure. Rien de très précis, en tout cas ; et sa copine avait tout l'air d'une brave fille, jolie et pas chiante. Le contraste avec ses aquarelles aussi était frappant : ses dessins étaient assez aérés et en couleurs claires, mais ne perdaient toutefois pas la précision des détails. Ils représentaient des paysages très attirants, souvent vides de toute présence humaine.

Je ne connaissais pas grand-chose de ce chemin mythique, que je reliais à des lubies religieuses plutôt anachroniques, à des croyances animistes ou folkloriques et à d'autres sottises du genre. Mais voilà que cet album illustré a eu le don d'éveiller en moi le désir soudain de partir en des vagabondages analogues. L'idée de tout laisser en arrière pour deux ou trois mois, avec un simple sac à dos, m'a séduit d'une étrange façon. Cela allait à merveille avec la fin de l'exercice littéraire que je venais de boucler. Tout comme si, à mon tour, j'avais aussi besoin de me dépouiller d'une vieille peau encombrante. Et si l'artiste rouspéteur avait été capable de réussir le périple, même en tenant compte de ma grande différence d'âge avec lui, je serais capable d'en faire autant. Il me fallait toutefois un prétexte pour rompre aussi radicalement avec mes habitudes d'atelier et de cabinet de travail. Or, en tant qu'écrivain, je suis capable d'inventer les prétextes qu'il faut lorsqu'une idée me taraude. Par un heureux hasard, Ilse, mon épouse, allait prendre sa retraite en septembre de cette année-là. Je lui ai alors présenté ce projet original comme quelque chose de tout à fait convenable pour l'aider à effacer de son esprit les derniers vestiges de sa vie professionnelle. Elle a parcouru l'album en question et a été aussitôt séduite. « Pourquoi pas ? » s'est-elle exclamée, ravie. « Nous aussi, nous allons nous divertir en nous promenant dans ces endroits de rêve. Ça va être très dépaysant, tout à l'opposé de nos voyages habituels pour voir des villes et des musées. Allez ! Il faut penser à nous entraîner. Nous n'avons jamais marché comme ça de notre vie. »

C'était le début du mois de mai. Dès le lendemain, à l'aide de l'odomètre de l'auto, nous avons mesuré la distance de chez nous à un centre commercial qui nous semblait assez éloigné : 6,5 km, 13 allers-retours. L'auteur de l'album se targuait de marcher entre 25 et 30 km par jour ! Et même s'il était un type passablement geignard, il ne semblait pas avoir encore quarante ans. Tant pis. Nous sommes partis dès le jour suivant pour tester notre endurance, quitte à prendre un taxi pour revenir à la maison. Il faisait beau et tout se passa bien à l'aller même si nous sommes arrivés au centre commercial trempés de sueur et assoiffés. Pour le retour, par contre, les douleurs musculaires et l'échauffement des pieds se sont mis de la partie. Moi, surtout, car Ilse semblait très en forme, au point de vouloir faire un détour par une pépinière des environs, ce qui m'a achevé. Non, ai-je conclu ce soir-là, cette sorte de voyage n'est pas pour un type comme moi. Pourtant, les aquarelles de l'album étaient si attirantes…

Le lendemain et les jours suivants, nous avons malgré tout fait d'autres tentatives de longues promenades. L'exercice portait fruit et les divers centres commerciaux avaient pris la curieuse habitude de s'approcher chaque fois un peu plus de notre maison. Nos balades prenaient de moins en moins de temps à mesure que nous usions nos chaussures. Les douleurs musculaires diminuaient aussi, et ces sorties nous donnaient un appétit féroce. Cela devenait de plus en plus agréable. Même que je commençais à trouver agaçants les jours de pluie qui m'obligeaient à rester dans mon atelier. Cela commençait à me surprendre, naturellement, mais j'étais captivé par ces promenades gratuites, au point de ne plus penser aux tableaux et aux dessins abandonnés en cours d'exécution. Il s'agissait d'une étrange rupture avec ma manière d'être telle que je l'avais toujours connue, une rupture accompagnée d'une allégresse provocatrice, aux saveurs de trahison. Je sentais que quelque chose d'intéressant était en train de se passer et je m'efforçais de suspendre mon jugement sur cette transformation pour ne pas en gâcher le charme.

J'avais toujours eu l'habitude de me déplacer du point A au point B, seulement parce que j'avais quelque chose à faire à B. Ensuite je revenais à A, mon point d'attache. Le déplacement comme tel n'avait pas une signification en soi. J'avais d'ailleurs toujours un livre avec moi pour tenter d'amoindrir l'inconfort issu de cette distance spatiale entre mes divers objectifs. Seuls les buts comptaient, car toute absence de mon travail et de mes livres me semblait sinon pénible, du moins une sorte de gaspillage de temps, de vide existentiel. Isolé dans mon coin, même en rêvassant, je me délectais continuellement d'images, de scènes ou de récits qui me serviraient ensuite de matière première pour d'autres œuvres. Cela peut paraître quelque peu obsessionnel, mais c'était ainsi depuis toujours et je m'en sentais comblé. Or, voilà que peu à peu, n'ayant d'autre but que de parcourir la distance entre les points A et B pour l'entraînement, les déplacements commençaient à gagner une réalité inconnue jusqu'alors. Autrement dit, j'apprenais à me promener, à me promener sans motif. Et c'était très agréable d'observer, pour la première fois, les petits changements qui apparaissaient jour après jour, semaine après semaine dans les itinéraires destinés à nous bâtir des muscles. Qui plus est, je me suis surpris à inventer toutes sortes de prétextes pour sortir de chez moi à n'importe quelle heure, rien que pour retrouver le plaisir de marcher.

Au milieu du mois de juin, malgré nos exercices intensifs, nous étions encore loin des distances évoquées par le dessinateur bougon. Et nos soirées après les séances de marche étaient toujours accompagnées de douleurs et de courbatures. Alors, pour ne pas risquer d'abandonner notre projet, nous avons décidé de nous équiper convenablement : après des dépenses aussi grandes qu'absurdes, nous n'aurions d'autre choix que de partir à l'aventure. D'abord, l'achat de billets d'avion Montréal-Paris-Biarritz pour la fin septembre, avec retour depuis Porto deux mois après. Ensuite, des guides et des cartes détaillés du chemin Français depuis Saint-Jean-Pied-de-Port jusqu'à Saint-Jacques-de-Compostelle. Et, pour finir, des souliers de marche, des sacs à dos et des sacs de couchage de qualité, ainsi que des vêtements faciles à laver partout. Nous avions lu quelque part que le poids du sac — y compris la nourriture et la bouteille d'eau — ne devrait pas dépasser dix pour cent de celui de son porteur. En fait, lorsqu'on y met un sac de couchage, un poncho plastifié pour la pluie, un cahier de notes ou de croquis, une trousse de toilette et de premiers soins, il ne reste pas grand-place pour les vêtements. Sans compter que la veste en laine polaire, les gants, le bonnet et le coupe-vent ajouteront un poids supplémentaire quand il fera chaud en chemin. Il s'agit d'un équilibre très délicat que seule l'expérience des randonnées et d'épaules endolories permet d'atteindre. Et nous étions si débutants…

Équipés de la sorte, nous avons commencé à intercaler entre nos promenades en ville quelques randonnées dans les parcs, pour nous balader avec nos sacs remplis de bouteilles d'eau et nous habituer au poids. Cette expérience nous a rassurés ; le sac rempli, s'il est bien adapté à notre taille, tient alors lieu d'orthèse pour corriger la posture du dos, ce qui a pour effet de faciliter la marche de longue distance.

L'été avançait et nous étions de plus en plus enthousiastes quant à nos progrès. Nous cherchions alors des parcours qui nous mèneraient à des bistrots sympathiques après trois heures de marche accélérée, où nous aurions la récompense de pichets de bière pour garantir notre hydratation. Je me suis rendu compte que sans un apport généreux de sel — accompagné ou pas de frites ou de calamars panés — la grande transpiration provoquait une sorte de lassitude. La sensation de faim intense suivie de gros repas bien arrosés s'ajoutait au plaisir pour nous faire oublier la fatigue. Et nous approchions déjà des 20 km sans trop de souffrance au bout de quatre ou cinq heures de marche. Cela nous semblait un bel exploit après si peu de temps d'entraînement et toute une vie d'immobilité.

Étonnamment, même si nous habitions Montréal depuis des dizaines d'années, c'était la première fois que nous faisions connaissance aussi intimement avec la ville, ses ruelles, ses quartiers et ses parcs. La beauté de certains endroits, les maisons cossues de la montagne et la décoration de certains édifices contrastaient avec des coins d'une laideur et d'une saleté repoussantes. Cela mettait du piquant à nos balades. En effet, celui qui se déplace en auto ou même en bicyclette n'a pas le temps d'examiner comme il faut l'environnement qu'il traverse ; il perd alors une part substantielle du spectacle. Au contraire, la multitude de détails qui assaille le marcheur est fascinante, au point de le dépayser même dans des secteurs qu'il croyait connaître auparavant. La même chose se passe avec la beauté, la laideur ou la bizarrerie des types humains qui se donnent à voir, qui s'étalent comme s'ils fleurissaient à leur tour après le confinement hivernal. Pour moi, peintre surtout de la figure humaine, c'était le début de la découverte du paysage, qui allait me donner tant de plaisir les années suivantes. Ilse aussi, armée d'un appareil photo, s'en donnait à cœur joie, croquant les chemins, les fleurs, les champignons et toute autre curiosité rencontrée au long de nos promenades.

Naturellement, je n'étais pas conscient de toute cette transformation comme je le suis aujourd'hui. Cela me divertissait et la perspective d'un long voyage à pied me remplissait d'excitation. Je crois que le bilan de mon travail effectué dans le récit dont j'ai parlé plus haut m'avait en quelque sorte préparé à tout laisser en arrière et à prendre des vacances de mon ancienne façon d'être, y compris de mes livres, de mes tableaux et de mes soucis quotidiens. Il ne s'agissait certes pas de l'incendie providentiel que j'avais fantasmé dans *L'amour du lointain*, mais au moins d'un petit exercice de fuite à la recherche d'une aventure singulière. J'ignorais cependant l'étendue de cette passion nouvelle, elle ne faisait que pointer à l'horizon. Tant mieux, car dans le cas contraire je me serais peut-être défendu par souci de protéger mon identité durement acquise. Alors, avançant ainsi de manière purement ludique, le *vice* de la marche pouvait s'installer avec toute sa force et son ravissement.

L'effet de relaxation des longues randonnées avait pour conséquence une mobilisation nouvelle des sens, une acuité perceptive accrue face aux moindres détails. Pourtant, cet état d'éveil était distinct de l'état connu d'alerte ; il avait la propriété de libérer aussi la rêverie que je connaissais déjà en état de repos. L'imagination partait en balade et, au bout de quelques heures, c'était comme si mon corps marchait tout seul, en libérant l'âme pour des agapes spirituelles. Cela a sans doute des explications physiologiques précises, concrètes. Le coureur de marathons parlera sans doute d'endomorphines, tandis que le pèlerin un peu loufoque sur le chemin de Compostelle parlera d'illumination mystique. C'est sans importance : le résultat final est fort agréable.

Un autre effet fascinant de nos marches d'entraînement, lequel s'est intensifié lors de la première aventure sur le chemin de Saint-Jacques, a été celui d'une intimité nouvelle entre mon épouse et moi. Il s'agit de quelque chose de tout à fait exceptionnel, auquel nous ne nous attendions pas. Il faut dire que nous sommes un vieux couple d'amoureux et que nous nous entendons parfaitement, tout en étant très distincts l'un de l'autre. Il semble exister entre nous une sorte de symbiose au point qu'un simple regard ou un sourire suffisent pour que nous sachions ce que l'autre pense par rapport à une situation précise. Cela arrive parfois après une longue existence commune et sans conflits, comme vous le diront d'autres vieux couples. Pourtant, nos champs d'intérêt sont fort différents, et les films ou les livres qui nous passionnent sont rarement les mêmes. Sans compter que l'écriture et la peinture sont des activités que l'on peut exercer seulement dans la solitude. Nous avions ainsi, avant la passion de la marche, l'habitude de nous rejoindre pour les moments de repos et de silence, pour nos exploits culinaires, pour des conversations inépuisables ou pour l'admiration devant ce que l'autre est capable de faire. Mais c'est, paraît-il, cette dualité même qui nous unit, comme dans le mythe platonicien. Or, la pratique de la marche nous a fait découvrir, tard dans la vie, un autre domaine de rencontre amoureuse ou une sorte de camaraderie plus profonde pour enrichir encore nos relations déjà étroites. Marcher côte à côte, parfois main dans la main pour déguster ensemble les nouveautés que nous offrent les chemins a été une révélation. S'entraider dans les montées ou les descentes escarpées, arranger mutuellement les courroies de nos sacs, manger et boire durant les pauses du parcours, se regarder et se sourire face aux difficultés ou à la fatigue, même éclater de rire devant une averse qui nous laisse trempés, voilà des plaisirs que nous ne connaissions pas auparavant. Les paris durant la marche pour savoir ce que nous allions trouver le soir à souper étaient aussi très amusants. Tout cela s'ajoutait comme des condiments nouveaux à notre vie de vieux amoureux.

En cherchant des informations supplémentaires sur le chemin de Compostelle dans Internet, nous nous sommes rendu compte que beaucoup de gens entreprenaient la randonnée dans l'espoir secret ou avoué de se joindre à des groupes ou de socialiser. C'était notre seule crainte, celle de devoir supporter la compagnie d'autres personnes ou d'être entraînés dans des bavardages inutiles, voire de nature animiste. Les quelques livres que nous avions lus au sujet de ce chemin, des textes d'une religiosité parfois assez visqueuse, nous avaient mis en garde contre le climat nocif d'idéologie Nouvel Âge qui pouvait y sévir. Si nous étions excités à l'idée de la longue randonnée dans un parcours chargé d'histoire, nous n'avions cependant aucune envie de nous joindre à un quelconque pèlerinage.

.

Fin septembre 2004, il n'a pas été difficile de fermer la maison et de prendre le taxi pour l'aéroport. Mes livres, mes tableaux et même ma précieuse collection de pipes avaient curieusement perdu de leur importance, tant ce projet nous avait enflammé l'imagination. Je partais non pas en tant que peintre ou écrivain mais en simple flâneur vagabond. La sensation de tout laisser en arrière et de partir sac au dos avait un brin du même émerveillement que j'avais ressenti presque quarante ans auparavant en allant vers l'exil. Il s'agissait, certes, d'un simple voyage avec billet de retour, mais c'était l'aventure que nous pouvions encore nous offrir à notre âge. Les doutes au sujet de notre condition physique ajoutaient une note de suspense à ce qui allait se passer dans les jours suivants. Ilse et moi, nous nous sentions comme deux gamins qui font l'école buissonnière en amoureux, et cela a été presque gênant au moment de dire adieu à nos enfants et petits-enfants.

Le récit qui suit puise certains détails dans le journal que Ilse a tenu tout au long du chemin. Elle prenait des notes, elle s'occupait de surveiller les directions à suivre pour ne pas qu'on s'égare et elle établissait le plan des étapes convenant à nos jambes encore peu sûres. Photographe avertie, c'est elle aussi qui documentait notre voyage avec des images qui ne cessent de nous ravir. Moi, je la suivais, puisque j'allais comme simple vagabond, pour me vider l'esprit des idées obsédantes et pour m'enivrer de paysages. Par ailleurs, dès le début, il s'est avéré qu'elle gambadait sinon avec plus d'assurance, du moins avec plus d'élégance que moi.

À la rigueur, j'aurais pu simplement reproduire ici son récit, tant je le trouve délicieux de vie et de détails. Mais elle ne l'a pas voulu. « Écrire des livres est ton vice, mon chéri, pas le mien », a-t-elle répondu avec son plus joli sourire. Mais je sais qu'elle était fière de me passer son texte.

Deux

Nous arrivons en début d'après-midi à l'aéroport de Biarritz, par une journée magnifique. Après avoir récupéré nos sacs, nous prenons un bus pour la gare de Bayonne, d'où part le train pour Saint-Jean-Pied-de-Port. Malgré les bocks pris à l'aéroport de Paris, nous avons encore soif. Nous attendons donc le départ du train en sirotant des bières belges dans le bistrot de la gare. Notre sensation de liberté, de détachement par rapport à notre vie antérieure est quelque peu euphorisante ; elle nous fait même oublier la fatigue de la nuit blanche et du décalage horaire.

Au départ, le petit train à un seul wagon est presque vide. Seuls trois ou quatre autres passagers accoutrés comme nous, avec sac à dos, s'en vont aussi vraisemblablement sur le Camino Francés, cette portion de la Voie lactée qui traverse le nord de l'Espagne en direction de Santiago de Compostela — *campus stellae*, le champ de l'étoile. Le train avance lentement, en longeant les contreforts des Pyrénées et puis la rivière Nive. Un très joli voyage d'environ une heure et demie.

À Saint-Jean, la nuit est déjà tombée. Nous enfilons nos sacs et nous suivons les autres marcheurs en direction de la Citadelle, où se trouve l'Accueil pèlerin. Cette petite

Sergio Kokis, *Sentier 2*, huile sur masonite, 51 cm × 61 cm, 2014.

première marche nous rappelle durement combien nos sacs sont lourds, surtout que j'ai aussi le litre de vodka acheté à la boutique hors taxe de Montréal, une grosse ration de tabac, deux romans, mon cahier de dessins et d'autres petites bricoles qui me paraissaient indispensables. Mais, comment voyager sans emporter de combustible spirituel ? Bien vite le chemin m'apprendra à me délester de beaucoup de poids inutile pour un vagabondage de cette envergure. Et puis, qui donc a besoin de se gaver de livres après des étapes aussi magiques qu'éreintantes de plus de 20 km en montagne ? Ou de transporter de l'alcool dans un pays béni des dieux comme l'Espagne, où des eaux-de-vie délicieuses se vendent partout à des prix dérisoires ? Je me familiariserai ainsi avec les *orujos* — la superbe grappa espagnole —, avec les anis forts, les Izarra basques aux saveurs d'herbes, les brandys si fruités, sans compter les vins corsés servis généreusement dans tous les bars et restaurants par où nous passerions. Il ne faut pas oublier que les deux plus grands dangers qui guettent le pèlerin sont la déshydratation et la carence de calories. On a beau manger comme un goinfre sur le chemin de Compostelle — l'on y mange très bien et à peu de frais —, si l'on n'est pas grand amateur de sucreries et de chocolat, seul un apport adéquat d'alcool empêchera le marcheur de s'émacier dangereusement jour après jour.

Les gens de l'Accueil nous reçoivent chaleureusement. Ils nous fournissent la *credencial*, ce passeport des pèlerins qui nous donnera accès aux nombreux gîtes le long du chemin, ainsi qu'une carte très pratique indiquant les distances et les dénivellations entre les étapes. Voilà, nous sommes parés. Il suffit maintenant de trouver un hôtel bon marché pour deux nuits, histoire de nous reposer du décalage horaire, et nous partirons à l'aventure.

À Saint-Jean, c'est déjà un peu la tour de Babel. Pour nous, amateurs de langues étrangères et métèques, cela a un parfum de paradis. La belle phrase de Melville dans *Moby Dick* me vient alors à l'esprit : « *We expatriate ourselves to nationalize with the universe.* » Des Suisses, des Brésiliens, toutes sortes de Latino-Américains et d'Espagnols, des Allemands et des anglophones tentant péniblement de communiquer en français, même des Japonais et des Québécois se mêlant à des Scandinaves dans une sorte de joyeuse camaraderie du vagabondage. Nous croisons même en chemin une Estonienne qui étudie le violon à Madrid. On y trouve aussi du basque, parlé et écrit sur des affiches, cette langue étrange que nous nous efforçons de déchiffrer à l'aide des inscriptions bilingues. Et pas de bondieuseries apparentes, car la grande majorité des marcheurs sont plutôt des sportifs ou des aventuriers comme nous, attirés par la magie de la longue randonnée et en quête de dépaysement. La plupart sont des jeunes gens, avec ici et là quelques petits vieux comme nous. Surtout des hommes. On nous a raconté que, pour plusieurs d'entre eux, partir sur le chemin de Compostelle avec des amis est une excellente excuse pour fuir quelque temps leurs femmes, car il s'agit d'un pèlerinage spirituel et non pas d'une banale sortie entre garçons. Les Espagnols, semble-t-il, sont très friands de ce prétexte, et à voir leur nombre dans le chemin, cela a l'air de bien fonctionner.

Le lendemain, bien reposés, nous faisons connaissance avec le joli village et sa citadelle aux hautes murailles. Je me procure un bourdon solide pour mieux avancer sur les sentiers périlleux; il me sera très utile pour garder mon équilibre en diverses occasions délicates, aussi bien que pour chasser les gros chiens agressifs qui rôdent autour des fermes. Le temps reste beau, ce qui nous rassure, car la traversée des Pyrénées peut être dangereuse lorsqu'il y a du brouillard ou des pluies glacées dans les cols. Notre impatience est à son comble, mais les heures ont l'air de passer lentement. Nous achetons des provisions (du pain, du saucisson, du fromage et un litre d'eau pour chacun), nous révisons le contenu de nos sacs pour les délester encore davantage, et nous sortons de nouveau nous promener. Enfin, après un copieux souper bien arrosé, nous rentrons de bonne heure à l'hôtel pour tenter de dormir.

Un peu avant six heures du matin, nous sommes déjà debout et fin prêts à partir. Le gros petit-déjeuner de l'hôtel et nos provisions vont nous garder repus jusqu'au soir. C'est encore la nuit et il fait assez froid. Saint-Jean est endormi, en plein brouillard. Vêtus chaudement, avec gants et bonnets, nous avançons par les ruelles sombres. J'allume ma pipe dans la rue de la Citadelle, car je sais que bientôt, dès que nous aurons passé la porte d'Espagne, le chemin commencera par une longue montée très abrupte, incompatible avec le plaisir du tabac. D'autres marcheurs nous dépassent d'un pas plus leste, seuls ou en petits groupes. En voyant leur démarche et en sentant le poids de nos sacs, nous savons déjà que nous serons parmi les derniers à l'arrivée, si jamais nous arrivons. Qu'importe. Nous y sommes pour l'aventure et, comme dans la vie, celle-ci se trouve sur le chemin, pas à l'arrivée.

Cette première étape, les 26 km qui séparent Saint-Jean-Pied-de-Port de la Collégiale de Roncevaux en traversant la chaîne des Pyrénées par le col de Bentarte (1 337 m), a la réputation d'être la plus dure, la plus belle et la plus solitaire de tout le Camino Francés. C'est après elle que nous saurons si nous sommes de taille pour une telle entreprise. La route étroite ne fait que monter mais le panorama est magnifique dès que nous dépassons la mer de brouillard vers le chemin des crêtes. Il n'y a plus d'arbres, rien que des alpages où nous rencontrons des moutons et quelques chevaux sauvages. Des aigles planent haut dans un ciel tout bleu. Les derniers groupes de marcheurs nous dépassent, en nous saluant du traditionnel « *Buen camino !* » Nous voilà seuls avec notre rythme lent. Mon sac me paraît encore trop lourd en dépit du fait que j'ai déjà jeté la bouteille de vodka, mon matériel de dessin et le dernier roman. Mais j'avance, porté par l'enthousiasme, ravi devant le spectacle qui s'offre à nous. Ilse souffre aussi, mais semble plus d'attaque que moi. Nos sourires nous encouragent.

Après 6 km de montée, à Hunto, le soleil cogne fort ; nous commençons à ranger dans nos sacs les premières couches de vêtements chauds. Dès que j'ouvre mon coupe-vent, ma chemise dégage un nuage de vapeur dans l'air frais. C'est drôle, comme si mon corps fumait. Encore 3 km et nous faisons une pause-café à la terrasse du gîte Orisson. Je tente alors de manger une des barres énergétiques dont on nous a dit tant de bien. Mais je suis incapable d'avaler le truc visqueux. Son goût est affreux, trop sucré pour moi ; cela a plutôt l'air d'une cochonnerie pour enfants obèses. Ilse aussi en est dégoûtée. Nous les jetons toutes à la poubelle et allégeons encore nos sacs. Le saucisson et le fromage nous paraissent bien plus sains. Et pour nous désaltérer, rien que de l'eau et une bonne bière à l'occasion.

À partir d'Orisson, nous sommes vraiment seuls pour les prochains 16 km de montagne, sans aucun village ni présence humaine. Les derniers retardataires nous ont déjà dépassés depuis longtemps et nous savons que les prochains pèlerins ne viendront que demain. Tant pis, nous continuons l'ascension lentement, très lentement, le cœur en fête et les jambes flageolantes.

Nous arrivons à quatorze heures en haut, près du col de Bentarte, à l'endroit où il y a une croix entourée d'une clôture et où notre chemin abandonne la route. Nous posons nos sacs et faisons un arrêt pour nous sustenter, nous reposer et nous redonner du courage. Solitude et silence ; c'est magique. Après avoir mangé, pendant que Ilse photographie les alentours, je fume une pipe en laissant envahir mes sens de ce paysage indescriptible. La fatigue ne me dérange plus, car elle est éclipsée par une sorte d'euphorie.

Nous dévions ensuite vers l'ouest et empruntons un sentier assez raide et mal signalé, parmi de grosses pierres, qui nous mène au passage du col. Un peu plus loin, nous traversons la frontière espagnole sans même nous en rendre compte. Le chemin continue sur le flanc du mont Txangoa par des montées abruptes, suivies de longues descentes sur des sentiers pierreux. Il est évident que nous descendons maintenant sur l'autre versant des Pyrénées, car les arbres feuillus refont leur apparition. Nous sommes épuisés et nos jambes commencent à flancher, surtout dans les descentes. Le soleil décline rapidement. Ilse invente une histoire de loups affamés pour me dissuader de me coucher là, au bord du chemin, et d'attendre le lendemain pour continuer. C'est attendrissant de la voir s'efforcer de mentir, elle qui ne sait pas le faire, rien que pour nous protéger. Cette histoire nous fait rire et nous redonne des forces.

Lorsque nous voyons loin en bas les bâtiments de la Collégiale de Roncevaux, il nous faut compter encore presque deux heures pour les atteindre. La dernière descente est vertigineuse et assez compliquée, dans un étroit lit de pierres servant à l'écoulement des torrents pluviaux. Surtout que la nuit est tombée. Nous arrivons enfin à la fameuse étape de Roncevaux après douze heures sur le chemin. Malgré la fatigue et notre allure de zombies, la réussite de cette première manche initiatique du Camino Francés nous laisse très fiers.

Au gîte de la Collégiale — une immense salle contenant des centaines de lits superposés —, le couple de Hollandais en charge ce soir-là nous accueille chaleureusement. Ils tamponnent nos *credenciales* et nous choisissons nos lits. Après une douche rapide, comme les restaurants ne servent plus de repas, nous nous contentons de gros sandwiches à la viande de porc, au fromage et aux tomates (les *bocadillos*, toujours délicieux, que nous mangerons souvent en chemin) accompagnés d'une bouteille de vin. Le bonheur ! Ensuite, le temps de fumer une pipe et déjà il faut rentrer au gîte, car les portes ferment à vingt-deux heures pour la nuit.

Je tombe aussitôt dans un sommeil profond, même si je me réveille parfois à cause de curieux chocs électriques dans les jambes. Ilse ne réussit pas à dormir beaucoup, tant elle est intriguée par les bruits et les odeurs de cette foule de marcheurs endormis. Moi, cela me rappelle les dortoirs de l'établissement où j'ai passé une partie de ma jeunesse, et cela me rassure.

L'agitation dans l'immense dortoir commence dès six heures du matin. Beaucoup de marcheurs préfèrent partir très tôt pour être certains d'avoir une place dans le prochain gîte, ou parce qu'ils sont capables de faire de très longues étapes. Nous en avons rencontré qui disaient être capables de marcher des étapes de 35 à 40 km. Pour nous deux, qui nous contentons de celles d'environ 20 km, rien ne presse.

Curieusement, si nos muscles sont encore endoloris, nous nous sentons dans une forme colossale. La nuit presque blanche de Ilse va la faire souffrir à la fin de la prochaine étape, sans toutefois gâcher sa bonne humeur. Le jour se lève quand nous sortons du gîte. Tout est encore fermé à Roncevaux, mais il y a un bar au village de Burguete, 3 km plus loin. Après une jolie balade dans un petit sentier boisé, nous y arrivons, affamés, pendant que les autres marcheurs repartent déjà, presque à la hâte. Tant mieux, nous marcherons seuls encore une fois ; nous avons tout le temps qu'il faut pour profiter de ce vagabondage. Surtout qu'après les Pyrénées, nous savons que nous allons nous divertir jusqu'à la fin.

Cette deuxième étape, jusqu'à Zubiri, est longue de 22 km. Si elle est moins spectaculaire que celle d'hier, elle n'est pas moins difficile. Elle comporte des déclivités parfois assez raides. Mais comme la plupart du temps dans le Camino, les paysages sont beaux et les sentiers serpentent à travers des forêts, des pâturages, ou traversent des villages endormis. La présence d'un bar ou d'un restaurant ouvert est toujours motif de jubilation pour le marcheur. On dépose le sac à dos, on s'attable pour un café ou une bière et l'on prend le temps de fumer en écoutant le bavardage des gens.

Tout au long de notre voyage, nous avons constaté que les habitants de ces régions qui voient passer tant de pèlerins semblent souvent un peu indifférents envers ces étrangers. En réalité, cela vient de la barrière des langues. Pour comprendre l'attitude des villageois, il faut avoir vu ces Français énervés qui tentent de se faire indiquer le chemin ou de commander un repas sans être capables de dire un seul mot en espagnol. Comme le chemin s'appelle Camino Francés, ils croient que tout le monde va les comprendre et s'étonnent lorsqu'on leur tourne simplement le dos. Nous avons même rencontré une dame assez snob, qui se promenait par là depuis un mois et qui ignorait toujours la signification de l'expression « *muchas gracias* ». Marchait-elle dans l'espoir d'obtenir les grâces de saint Jacques pour guérir de sa connerie ? Par contre, lorsqu'on s'adresse aux gens du pays dans leur langue, même avec un accent latino-américain comme le mien, voilà qu'ils nous accueillent avec le sourire et qu'ils entament volontiers de longues conversations. Il arrive aussi qu'ils offrent à boire ou qu'ils invitent le marcheur chez eux, tant ils sont ravis de se sentir respectés. Voilà pourquoi Ilse et moi préférons passer inaperçus, nous contentant la plupart du temps d'écouter les conversations des groupes de marcheurs sans trahir nos connaissances linguistiques.

Mais un couple qui marche seul et qui a l'air heureux de le faire attire les natures craintives et ceux qui souffrent de la solitude. Et c'est alors bien difficile de se débarrasser des gens collants sans paraître trop impoli. Nous avons vécu une de ces situations avec une dame qui ne se gênait pas pour nous suivre, au point de changer deux fois de gîte pour être certaine d'être en notre compagnie. Elle nous a laissés en paix seulement après avoir trouvé un groupe de marcheurs plus enclins à l'accepter. À une autre occasion, un Américain barbu, du genre hippie attardé, en voyant que je claudiquais, a offert de me masser les jambes sous un prétexte qui m'a surpris : « *I do some healing down there in California* », a-t-il insisté, comme s'il s'agissait de la chose la plus naturelle au monde. Heureusement, si j'aime parfois me divertir des propos des fous ou des illuminés qui m'abordent, Ilse a une réelle aversion pour ces gens. Elle ne tolère pas le moindre propos mystique, ce qui nous a évité la compagnie de quelques prophètes déambulant sur les chemins. Cela dit, je dois reconnaître que les manifestations animistes sont assez rares au long du parcours, même si certains personnages avaient l'air de sortir d'un asile d'aliénés. L'ambiance générale, comme je l'ai déjà mentionné, était celle de bandes de sportifs ou de collégiens en sortie scolaire. Il est vrai que j'ignore ce qu'ils prétendent avoir vécu comme transfiguration spirituelle une fois revenus chez eux ou les lubies qu'ils colportent aux oreilles crédules.

En traversant le Puente de la Rabia après la descente abrupte sur Zubiri, malgré les genoux en compote, nous sommes très confiants, en raison de cette deuxième étape réussie. Le lendemain, après une bonne nuit de sommeil dans une pension du village, nous sommes prêts à reprendre la route. Notre objectif d'aujourd'hui est le gîte de Trinidad de Arre, situé à Villalba, distante de 15 km à peine. Ce sera une simple promenade qui ménagera nos jambes endolories. Nous prenons d'ailleurs la décision de tenter d'alterner les étapes longues et difficiles et celles qui sont plus courtes, pour ne pas nous épuiser et gâcher le plaisir du vagabondage.

C'est dimanche, il fait beau et l'étroit sentier bordé de chênes nains suit la jolie rivière Arre. Après le village médiéval de Larrasoaña, nous avançons à proximité d'une compétition cycliste pleine de couleurs et de musique. Nous arrivons ainsi très détendus à Villalba, tôt dans l'après-midi. L'homme qui nous accueille, un frère mariste, est très gentil et il me confie la clé du gîte. Celui-ci est situé dans un édifice datant du XIIIᵉ siècle, attenant à la basilique de Trinidad de Arre, qui était déjà à l'époque un hospice destiné à recevoir les pèlerins blessés ou malades. Il est entièrement rénové et seule la structure extérieure du bâtiment original est visible. Mais sa cour intérieure, un grand jardin protégé par d'épaisses murailles, est magnifique et paraît être restée telle qu'elle était autrefois. C'est un endroit de rêve, isolé du monde et extrêmement paisible.

Seuls quelques marcheurs viennent se joindre à nous : la plupart préfèrent continuer jusqu'à Pampelune pour gagner du temps. Après avoir choisi nos lits, passé à la douche et fait notre lessive, le rituel habituel, nous sentons que nous nous acclimatons de plus en plus. En nous prélassant au soleil dans la cour intérieure, nous ne pouvons pas nous empêcher d'évoquer les innombrables pèlerins qui sont passés là avant nous, pour se faire soigner, pour profiter de l'hospitalité ou simplement pour mourir. C'est ce qui nous semble le plus émouvant tout au long de ce chemin chargé d'histoire et de légendes : la conscience que des pèlerins l'ont foulé depuis le IXᵉ siècle à la recherche du bonheur ou de l'aventure. Et qu'il reste encore là pour accueillir d'autres marcheurs en dépit de tous les attraits de la modernité.

Nous allons ensuite souper au restaurant où le frère a eu la gentillesse de réserver une table pour nous. Ce jour-là, Villalba est en fête, les rues et les cafés sont pleins de gens, avec des enfants courant partout. On nous sert une paella suivie d'un délicieux riz noir aux calamars — *en su tinta*. C'est la première fois que nous avons droit au fameux *menú del peregrino*, composé de deux plats consistants — *de primero y de segundo* — que l'on choisit parmi les six à huit qui sont offerts chaque jour, accompagnés d'un dessert et d'une bouteille de vin. Le tout pour sept euros ! Au moment de payer, je crois que la serveuse s'est trompée ou qu'il s'agit d'un cadeau offert par le frère. Mais non, c'est le bon prix, et tout au long du chemin ces soupers du *menú del peregrino* vont continuer de nous ravir. Ils se répètent, forcément, mais c'est toujours un plaisir : les paellas, les calamars ronds appelés *chipirones*, les potées de lentilles et les soupes épaisses vont précéder les rôtis de porc et d'agneau, les truites, les civets de lapin et les succulentes omelettes espagnoles. Et, pour le petit-déjeuner, nous allons apprendre bien vite à remplacer le beurre sur le pain grillé par de l'huile d'olive et du sel, comme le font beaucoup d'Espagnols. C'est délicieux et très parfumé.

Le matin, bien reposés, après avoir fait un brin de ménage dans le gîte, nous chaussons nos souliers et nous endossons nos sacs, prêts à partir. Nous éprouvons cependant une pointe de regret à l'idée d'abandonner cette cour intérieure magique, qui ne cessera de nous faire rêver. Mais le chemin nous appelle, et nous avons l'intention de passer une nuit à l'hôtel à Pampelune pour le plaisir du tourisme.

Une promenade très matinale d'à peine 6 km nous conduit au centre de Pampelune. Nous nous installons à la terrasse d'un bar sur la Plaza del Castillo pour un copieux petit-déjeuner accompagné d'une bière. Et là, heureux, nous regardons la ville se réveiller. Plus tard, le vieil hôtel La Perla nous accueille avec une surprise de taille dès la réception, vétuste[1] : c'est là que Hemingway a séjourné et, paraît-il, qu'il a écrit *The Sun Also Rises*. Je me rends alors compte que depuis notre départ de Montréal je n'ai plus pensé à la littérature. Cette constatation me laisse surpris et un peu songeur au sujet de la force du dépaysement. Même les romans abandonnés pour alléger mon sac et les librairies de la ville, gorgées de livres en espagnol — si difficiles à trouver au Québec —, ne semblent plus avoir d'importance.

Nous passons le restant de la journée à nous promener. Dans les ruelles de la vieille ville et aux alentours de la Plaza del Castillo, nous tentons d'imaginer la foule, les taureaux qui chargent lors des *encierros* de la San Firmin, et la bande de joyeux fous qui courent avec eux pour jouer aux matadors. Le soleil d'octobre, encore puissant, mais déjà très bas dans le ciel, fait d'étranges contrastes lumineux dans les rues étroites. Le soir, nous partons pour une agréable tournée de *pintxos* — les tapas de la région — et nous rentrons un peu ivres à l'hôtel.

Le lendemain, une étape de 19 km nous conduit à Puente la Reina. Mais il faut d'abord grimper la Sierra del Perdón, à mi-chemin, que nous distinguons au loin dès la sortie de Pampelune. Même s'il fait encore chaud, la terre des champs par où nous passons est déjà retournée pour l'hiver. Ces larges étendues de couleur grise tirant vers l'ocre contrastent avec les surfaces toujours vertes des pâturages et la teinte vive des bosquets.

---

1. Lors d'un autre passage à Pampelune, deux ans plus tard, cet hôtel subissait des rénovations. Maintenant, il doit être très cher.

La montée de la sierra est longue mais pas très abrupte, et elle se fait par un sentier si étroit et pierreux que nous devons nous arrêter pour céder le passage aux marcheurs plus pressés. Presque en haut, nous rencontrons une ribambelle de jeunes enfants qui retournent en ville après une sortie scolaire. Ils dévalent la pente à toute vitesse malgré les avertissements de leurs professeurs et ils nous saluent avec des cris joyeux en passant : « *Buen camino !* » Cette vision de leurs bouilles souriantes et de leurs gambades périlleuses nous aide à franchir les dernières centaines de mètres avant le sommet. Là-haut, à l'Alto del Perdón, nous faisons une halte au pied d'une sculpture en acier rouillé représentant des marcheurs. Cette œuvre d'une facture rustique et assez naïve fait un curieux contraste avec les éoliennes blanches, d'un modernisme aérodynamique, qui se suivent sur la crête de cette longue enfilade de montagnes. Il vente très fort. Le panorama est magnifique : d'un côté, Pampelune et les Pyrénées au loin ; de l'autre, la vallée de Valdizarbe avec ses champs, où nous allons nous rendre. La descente à pic parmi les pierres, les chênes nains et le maquis est très éprouvante pour les genoux, et nous devons faire attention pour ne pas trébucher. Mais le cœur est à la fête. Nous saluons d'autres marcheurs croisés au hasard et nous continuons seuls notre chemin, en laissant nos esprits s'imprégner de ces vastes panoramas. La journée passe ainsi sans que nous nous en apercevions, avec une halte pour *bocadillos* et bière, jusqu'à l'étape.

Puente la Reina est un village célèbre depuis le XIe siècle, car il est le point de jonction des divers chemins venant depuis la France et l'ouest de l'Espagne. À partir de là, le Camino Francés suivra seul la route traditionnelle vers Santiago de

Compostela. Le gîte qui nous accueille est très confortable, un bâtiment historique rénové sur le site de l'église Del Crucifijo, et il est tenu par la confrérie des Padres renovadores. Après le repos-douche-lessive habituel, nous profitons de la dernière clarté du jour pour aller explorer le village. Comme beaucoup de localités sur le Camino, il est constitué d'une longue rue principale bordée de bâtiments en brique de deux ou trois étages. Les habitants ont accroché des guirlandes de poivrons rouges sur les façades pour les faire sécher au soleil, ce qui donne un air de fête à leurs maisons. Cette *calle mayor* aboutit au splendide pont d'arches roman sur la rivière Arga, qui donne son nom au village.

Nous nous procurons des vivres pour le lendemain et nous allons ensuite nous attabler dans un restaurant pour un autre copieux *menú del peregrino*. De retour au gîte, je reste à fumer dehors pendant que Ilse envoie des messages à la famille depuis l'ordinateur de la place. Je suis alors abordé par deux jeunes filles de Puente la Reina, qui me demandent si je parle l'espagnol. Elles sont jolies et très sympathiques, extrêmement naïves dans leur désir de faire connaissance avec des étrangers. Le vaste monde les attire et elles viennent donc très souvent au gîte, pour tenter de s'informer sur comment se passent les choses à l'extérieur de leur village. Leur plus grand projet est d'aller un jour à Burgos, à moins de 200 km de là, pour devenir des apprenties coiffeuses. C'est fort attendrissant. Ilse nous rejoint et nous continuons à bavarder jusqu'au moment du couvre-feu. J'aurai par la suite plusieurs occasions de m'entretenir ainsi avec d'autres assidus des gîtes, qui cherchent la compagnie des étrangers pour parler de l'ailleurs et se dépayser — soit parce qu'ils sont curieux, soit parce qu'ils ont déjà

vécu et travaillé à l'étranger, et qu'ils souhaitent faire montre
de leur cosmopolitisme ou de leurs connaissances linguistiques. Ce sont d'une certaine façon des déracinés dans l'âme,
et quelques-uns m'ont même avoué regretter leur retour au
village natal. Ces conversations du soir pendant que je fume
ma pipe sont parfois assez cocasses lorsqu'il s'agit de déséqui-
librés et non pas de rêveurs. Mais la plus sympathique de ces
rencontres s'est passée plus loin, au village de Burgo Ranero,
où j'ai fait la connaissance d'un petit vieux de quatre-vingt-dix
ans. Il était très loquace au sujet de sa vie d'autrefois en France,
même s'il avait entièrement oublié le français. Il m'a expliqué
qu'il aimait se tenir assis à la porte du gîte des pèlerins pour
pouvoir parler avec des étrangers. À son avis, au restaurant du
village où les hommes jouaient aux cartes toute la journée, il
n'y avait plus que des jeunots, des blancs-becs qui ne connais-
saient rien de la vie. En effet, le soir, quand nous sommes allés
souper au restaurant en question, les retraités qui tapaient le
carton dans un coin de la salle avaient tout au plus soixante-
quinze ou quatre-vingts ans, et ils semblaient bien silencieux.
Pauvre nonagénaire, si vert et si déraciné !

Le lendemain, nous déjeunons sur l'herbe de la berge de
la rivière Arga en regardant le jour se lever : pain, sardines
à l'huile et piments doux accompagnés d'une bière. L'étape
de 19 km doit nous conduire à Estella. Le chemin rocailleux
grimpe dur dès le début. Toute la journée sera d'ailleurs une
suite de montées et de descentes. Un chantier de construction
d'autoroute oblige les marcheurs à dévier sur les coteaux, et
nous grimpons comme des chèvres. Un peu plus loin, après
le village de Cirauqui, haut perché sur une colline, nous foulons avec émotion les vestiges d'un pont et d'une chaussée du

temps des Romains, aux dalles défoncées par les siècles. Puis, nous croisons le premier des nombreux vignobles, aux lourdes grappes d'un raisin extrêmement sucré, que nous longerons en chemin. C'est l'époque des vendanges et, partout, les cueilleurs s'affairent, à la main ou à l'aide de gigantesques aspirateurs sur roues. Je n'avais jamais vu autant de raisins de ma vie, ni n'en avais goûté d'aussi savoureux.

Cette étape est fatigante, car il fait assez chaud. Le poids du sac à dos aussi m'incommode par moments. Mais je marche plus facilement. C'est curieux comme ma tête est vide, vide comme quand j'attaque un long dessin ou un tableau. Seul le paysage absorbe mes sens et la marche semble se faire automatiquement, à un rythme qui lui est propre. Aux premiers pas de la journée, je me sens un peu gauche ou encore ankylosé par la nuit de sommeil. Cela passe vite. Après une demi-heure à peine sur le chemin, le rythme s'installe et je peux alors continuer à avancer des heures durant sans m'en rendre compte. Je ne ressens vraiment la fatigue que lorsque je m'assois pendant une halte. Et puis, lorsque je recommence à marcher, tout se remet en branle comme par miracle. Une fois à l'étape, certes, je ressens l'épuisement, et les douleurs musculaires réapparaissent. Mais cela est comme une sorte de musique de fond et n'arrive pas à effacer la joie d'une autre journée réussie.

Le gîte d'Estella est fort convenable et il est plein de marcheurs. Nous en profitons pour faire une plus grande quantité de lessive, que nous étendons dans le patio du gîte avant d'aller explorer la ville et de nous choisir un restaurant. Ilse a quelques ampoules aux pieds et je dois la soigner à l'aide d'une aiguille et de beaucoup de teinture d'iode. Plusieurs autres marcheurs souffrent aussi d'ampoules, et quelques-uns présentent même des blessures aux orteils et aux talons. Après tout, nous en sommes déjà à la septième journée de marche, et l'abrasion des pieds dans les lourdes chaussures, aggravée par la transpiration, commence à faire des dégâts. Dans la grande salle de repos du gîte, l'un des hôtes offre ses services de spécialiste en ampoules et des gens font la queue pour en profiter. Nous avons beau avoir assoupli nos chaussures de marche pendant l'entraînement, la chaleur intense annule vite l'effet des crèmes appliquées abondamment sur les pieds chaque matin avant de partir. Nous commençons aussi à nous rendre compte que les marches quotidiennes sur des sentiers accidentés ont des conséquences fort différentes de celles des quelques marches hebdomadaires durant nos mois d'entraînement en ville. Plus tard sur le Camino, moi en particulier, nous allons souffrir des effets de la longue marche, non pas en raison d'ampoules, mais à cause d'une perte excessive de poids et de complications articulaires. Mais, pour le moment, tout est au beau fixe ou presque.

Le 7 octobre, l'étape est longue de 20 km jusqu'à Los Arcos, dont les derniers 12 km sans aucun village ni ferme à l'horizon. Mais cela commence bien, avec un arrêt à la Fuente del Vino — une vraie fontaine de vin ! — attenante à de gigantesques celliers, les Bodegas Irache. Il est trop tôt le matin ; les employés de l'usine ne sont pas encore arrivés pour remplir de nouveau les réservoirs, et les marcheurs qui nous précédaient se sont servis trop généreusement. Il ne reste que quelques gouttes pour nous, une sorte de plaisir symbolique tant cette fontaine est célèbre. Nous nous installons ensuite plus loin, sous les arbres, pour un petit-déjeuner agrémenté de raisins.

Les ampoules continuent d'incommoder Ilse. Par un réflexe de protection, elle tente de compenser par sa démarche, ce qui a pour effet de déséquilibrer ses foulées. Rapidement, tout son pied commence à faire mal jusqu'au mollet, et elle a l'impression d'avoir des pieds de marques différentes. Cela la rend un peu triste et nous devons avancer plus lentement à travers les vignobles et les oliveraies. Nous en profitons cependant pour grappiller encore du raisin. Ilse se souvient des automnes de son enfance en Suisse, lorsqu'elle se faisait engager par des vignerons pour vendanger. À un moment donné, nous faisons une halte au bord du sentier pour examiner son pied. Une Jeep de la Guardia civil s'arrête peu après pour nous demander si nous avons besoin d'aide. Il est très soulageant de voir des militaires de cette organisation, qui dans le temps de Franco a commis tant d'atrocités, s'occuper maintenant du bien-être des marcheurs. Nous les remercions, un peu étonnés, et ils repartent en nous souhaitant le « *Buen camino !* » d'usage. Voilà qui me fait penser une fois de plus que l'extermination des tyrans a un effet civilisateur sur tous les citoyens ; même les militaires, ce qui n'est pas peu dire.

Avant Villamayor de Monjardín, nous faisons une halte à la Fuente de los Moros. C'est une construction couverte qui date du XIIIᵉ siècle, avec une entrée à deux arches et un grand escalier qui descend profondément jusqu'à une sorte de piscine intérieure. Comme souvent sur le Camino, nous pensons aux pèlerins du passé, qui s'y sont désaltérés ou même baignés par les journées de canicule. Ensuite, à Villamayor, le dernier village des 12 km qui restent, pas moyen de trouver d'autres provisions que du pain sec. Les marcheurs avant nous ont tout raflé. Tant pis, il nous reste encore un peu de fromage.

D'ailleurs, il fait trop chaud et seule la ration d'eau nous semble indispensable.

Nous arrivons bien fatigués à Los Arcos, où nous trouvons de la place dans une auberge tenue par des Autrichiens très sympathiques. Après la douche, pendant que je fume ma pipe dans la cour, je bavarde avec Miguel, un Madrilène que nous avons déjà rencontré auparavant. Comme beaucoup de ses compatriotes, il considère le Camino comme un lieu de fuite toujours ouvert, pour des vacances ou pour de courtes escapades. Cette fois, en plein milieu de la semaine, écœuré par le stress de son travail d'informaticien, il a enregistré le message « *Estoy en el Camino* » sur son répondeur et il s'est mis en route pour deux semaines de marche en solitaire. Pas besoin d'expliquer davantage en Espagne. Nous avons rencontré bien d'autres personnes qui se servaient ainsi de la randonnée au lieu d'avoir recours aux tranquillisants. Par contre, nous avons vu peu de couples qui marchaient ensemble. On nous a expliqué que l'expérience était peut-être de nature à renforcer les liens de quelques rares ménages, mais que dans la majorité des cas elle conduisait irrémédiablement à la guerre ouverte et à la rupture. Cela me semble juste. Je crois par ailleurs que si on obligeait les fiancés à entreprendre ensemble un tel périple avant les noces, on éviterait sans doute la plupart des unions malheureuses.

Le soir, le *menú del peregrino* du restaurant est particulièrement savoureux : d'abord une copieuse salade russe, ensuite un civet de lapin pour Ilse et de l'agneau grillé pour moi. Au dessert, de la *cuajada*, un mets semblable au yogourt mais fait de lait de brebis caillé, que l'on adoucit avec du miel. Le tout arrosé d'une bouteille de rouge et de plusieurs verres d'*orujo*, le blanc et sec pour moi et le jaune et doux, aux herbes, pour elle. La nuit, au gîte, nous dormons d'un sommeil profond.

L'étape suivante, de 18 km, qui doit nous conduire à Viana, commence par un temps couvert et frisquet. Le chemin est assez plat au début mais nous avançons lentement. Les pieds de Ilse la font encore souffrir et je commence à ressentir de fortes douleurs au bassin, dans la région du trochanter fémoral droit, se prolongeant par des chocs électriques derrière la jambe. Je qualifie ce mal de sciatique faute d'un meilleur diagnostic et je me promets de l'ignorer. La douleur, elle, ne m'ignorera pas, bien au contraire, et me tiendra compagnie en s'aggravant jusqu'à Santiago de Compostela. J'y reviendrai plus tard, car cette douleur a pris de telles proportions qu'elle a influencé entièrement cette première expérience de longue randonnée. Il se peut même que la frustration qu'elle a provoquée en moi ne soit pas tout à fait étrangère au développement de notre passion de randonneurs, ainsi qu'aux milliers et milliers de kilomètres que nous avons parcourus les années suivantes.

La suite du chemin jusqu'à Viana devient de plus en plus vallonnée au fur et à mesure que le temps s'améliore et que la chaleur se met de la partie. L'après-midi, lors d'une halte à Sansol — un autre des nombreux villages vides et sans bar —, nous faisons connaissance avec un jeune homme originaire du Zimbabwe, un biologiste établi à Londres et qui fait le chemin pour la première fois comme nous, pour l'aventure. Il nous apprend qu'un peu plus loin, à Torres del Rio, il y a un bar, et nous nous remettons en chemin. Après une descente dans le talweg de la rivière Linares sur un sentier escarpé, suivie de la montée de la colline opposée, nous voilà arrivés à Torres, à la terrasse accueillante du bar Pata de Oca. Nous nous attablons pour le *bocadillo* et la bière, tout en tendant l'oreille à la conversation ésotérique qui a lieu à la table d'à côté. Il semble s'agir d'un Espagnol et d'une Française, qui discutent en français au sujet d'auras et d'illuminations à travers l'ouverture des chakras à la clarté secrète. Très mystique, surtout que la Française un peu vieillissante semble captivée par l'aura de l'Espagnol. Ce dernier, malgré ses allures de faiseur de miracles, doit cesser de marcher parce que ses jambes le font trop souffrir et qu'il n'a plus la force pour continuer.

Nous arrivons fourbus à Viana ; je fais une sieste au gîte pendant que Ilse sort photographier la ville. Plus tard, je suis réveillé par le fou rire de quelques filles qui sont dans notre dortoir. Elles ont trouvé un sac de petits pois sur l'un des lits superposés. Quelqu'un de plus expérimenté nous explique la raison de cette trouvaille insolite : sans doute qu'un marcheur a soulagé une douleur musculaire en appliquant ce sac dessus, encore surgelé. Nous devons admettre que l'idée est bonne. Moi-même, j'aurai plus tard recours à cette astuce, que je trouve excellente : c'est assez malléable pour épouser la forme de n'importe quelle partie anatomique, c'est bon marché et cela garde sa froideur durant au moins quatre heures lorsqu'en contact avec le corps. Et rien n'empêche de faire bouillir les petits pois pour les manger après leur usage thérapeutique.

Le jour suivant nous allons à Logroño, à seulement 9 km, pour nous laisser le temps de visiter la ville. Nos grandes balades dans la nature nous plaisent énormément, mais nous aimons trop l'agitation des villes pour nous en priver longtemps. Le temps est beau, le terrain est assez plat et nous avançons lentement, un peu trop insouciants et plongés dans nos rêveries. Cela nous fait rater quelques indications importantes au long du chemin et nous nous égarons tout à fait dans une région appelée Laguna de las Cañas. Nous pouvons distinguer la grande ville au loin ; pourtant notre chemin semble s'éloigner d'elle depuis une bonne demi-heure. Nous sommes perdus en pleine nature, dans une zone marécageuse de hautes herbes, et nos cartes ne nous sont d'aucune aide. Cela n'est cependant pas grave sur le Camino : tôt ou tard il y a toujours des passants. Peu après, un homme qui promène son chien au loin nous indique un raccourci à grands cris et de gestes des bras. Une heure après nous sommes à Logroño, où nous nous attablons à la terrasse d'un bar sous les arcades, Plaza del Mercado. Mon petit-déjeuner est encore constitué d'un *bocadillo* et d'une bière, tandis que Ilse se fait servir un délicieux chocolat, épais comme de la mélasse, accompagné de *churros*.

Nous nous installons dans le beau gîte de l'endroit, où les hôtes nous accueillent avec un grand panier de figues fraîches. L'après-midi, la ville nous paraît endormie ; mais dès que le soleil décline un peu, tout s'anime, avec des noces dans la cathédrale Santa Maria de la Redonda. Les bars à *pintxos* ouvrent leurs portes et les ruelles de la vieille ville se remplissent de familles en promenade. Avant d'aller souper, comme nous sommes dans la Rioja, nous faisons la visite d'une cave à vin, une vraie merveille, très ancienne et rustique, remplie de fûts gigantesques.

Le lendemain, une courte étape de 12 km jusqu'à Navarrete, en passant par le parc du lac, le Pantano de La Grajera ; ensuite, encore des vignobles et, déjà au loin, au bout d'un long chemin très droit, notre destination du jour. Avant d'y arriver, nous

nous arrêtons pour contempler les ruines d'un très ancien hospice pour pèlerins, l'hôpital San Juan de Acre.

Le gîte de la ville est situé dans un bâtiment historique sur une allée de magnifiques arcades, dont certaines datent de sa fondation en l'an 1030. Il est entièrement restauré, avec des installations modernes, et il est tenu par la confrérie des Amigos del Camino de la Rioja. Nous sommes dans un dortoir pour huit personnes avec sa propre salle de bains, ce qui constitue un véritable luxe. Pendant que je fais la sieste, Ilse lit quelques pages d'un livre abandonné là par un pèlerin de passage. C'est le récit de l'écrivain Paulo Coelho sur son voyage à Compostelle. Les élucubrations mystiques de l'actrice Shirley MacLaine au sujet de son pèlerinage avaient déjà écœuré ma chère femme, au point qu'elle avait jeté le livre dans le bac de recyclage avant notre départ. Les lubies de Coelho, au même parfum de pacotille ésotérique, la répugnent tout autant après seulement quelques pages. À mon réveil, quand elle m'en cite quelque passage, je ne peux que sourire. En fait, j'étais Brésilien autrefois ; j'ai connu dans ma jeunesse plusieurs de ces gourous mielleux qui tentent de passer pour des mystiques aux yeux des gens crédules. Et ce goût du mysticisme n'a pas l'air d'avoir changé là-bas.

Le soir, au restaurant, nous faisons connaissance avec Antonio, un petit vieux qui fait le Camino pour la sixième fois. S'est-il confié à nous parce que nous étions le seul couple dans la salle ? Son récit nous laisse très émus. Il raconte qu'il a commencé par marcher seul les premières années. Ensuite, son épouse a demandé de l'accompagner pour l'un des voyages. Malheureusement, elle est décédée peu après. Alors, il est revenu marcher encore et encore sur le Camino en souvenir d'elle, et il porte la photo de la défunte imprimée sur son tee-shirt. Voilà qui nous impressionne bien plus que toutes les fabulations mystiques : cette solidarité et cet amour au delà de la mort, par la simple présence du souvenir. Nous deux, plus nous avançons ensemble, souvent main dans la main, plus nous sommes en mesure de comprendre ce que cet homme peut ressentir de nostalgie, de tendresse mélancolique. Il a l'air très serein lorsqu'il évoque sa compagne disparue, si présente dans ses pensées ; seule l'esquisse d'un sourire triste accompagnée de larmes dans les yeux trahit l'intensité de ses émotions.

Le lendemain, une courte étape de 14 km jusqu'à Nájera, toujours à travers des vignobles pendant les vendanges. Ilse souffre encore de douleurs au pied et elle boite. Nous faisons la rencontre d'un vigneron haut en couleur et très fier de sa récolte. Pour accentuer ses propos, il s'empare d'une lourde grappe et l'écrase de ses mains puissantes pour nous montrer le jus épais que les raisins recèlent. C'est une vision fort éloquente, et nous repartons chargés de raisins en guise de petit-déjeuner. Ensuite, c'est la courte montée du Alto de San Anton, où gisent les ruines d'un ancien hospice tenu par les moines antonins et défendu par une forteresse des Templiers. Le sentier est bordé de cailloux empilés par les pèlerins de passage, ce qui semble relié à d'immémoriales traditions celtiques pour marquer la présence humaine. Quelques-unes de ces petites tours sont fort ingénieuses malgré leur équilibre précaire. Cet endroit chargé d'histoire et plongé dans les légendes motive peut-être le hippie californien, celui dont j'ai parlé plus haut, à m'aborder dans la montée pour m'offrir encore une fois ses services de guérisseur. Un peu plus loin, se trouve aussi le Poyo de Roldán, une colline en hommage à la défaite mythique que le furieux Roland avait infligée au géant Ferragut, pour libérer les chevaliers chrétiens emprisonnés à Nájera.

Nous arrivons en ville aux alentours de midi, prêts à nous prélasser sur une terrasse, une bière à la main. Les formidables falaises de pierre rouge qui bordent la vieille ville sont imposantes et elles évoquent les légendes peuplées de géants. Un peu plus tard dans la journée, en contemplant le vol des cigognes qui nichent en haut du monastère de Santa María la Real, nous nous rendons compte que la longue étape vers Santo Domingo de la Calzada commencera justement par une rude montée sur le flanc de ces falaises.

.

Les jours suivants nous progressons en découvrant des villages très anciens, que malheureusement nous ne pourrons pas visiter comme ils le mériteraient. Le chemin nous appelle et nous devons continuer. À Santo Domingo de la Calzada, nous passons la nuit dans une cellule monacale du gîte de l'abbaye cistercienne des sœurs Bernardas, après une soirée fort arrosée d'*orujos* en compagnie de quelques Espagnols. Ensuite, nous atteignons le village de Grañón, fondé au IXe siècle et qui demeure presque vide, comme abandonné là pour témoigner du temps passé. Puis c'est Belorado, avec ses ruelles étroites et sa place principale dallée d'énormes pierres. Partout, des églises et des ermitages, parfois en ruine ou gardant uniquement des vestiges de leurs fondations, qui regardent passer les marcheurs dans un silence solennel. La Ermita de Virgen de la Peña, une chapelle rupestre creusée dans le roc de la montagne, salue de loin les marcheurs sur le chemin en direction de Burgos. Il y a des endroits mythiques, comme San Juan de Ortega, que l'on atteint après la longue ascension des Montes de Oca, à travers des forêts autrefois infestées de loups et de brigands. San Juan est minuscule, un simple hameau de quelques maisons autour d'une église ancestrale, mais c'est un lieu de passage obligatoire pour les pèlerins intéressés par l'histoire. Son gîte, dans un monastère du Xe siècle, est peut-être le plus primitif de tout le Camino, sans eau chaude ni chauffage ; nous y passons une nuit glaciale, tout habillés dans nos sacs de couchage et recouverts d'épaisses couvertures, en souhaitant que vienne l'aube pour pouvoir repartir et nous réchauffer en marchant.

Le soir, dans les bars et les restaurants des étapes, nous faisons d'autres rencontres intéressantes et fugaces, car nous repartirons en solitaires le lendemain pour continuer notre marche. Au bar Marcela, très encombré de marcheurs — c'est le seul commerce du hameau de San Juan de Ortega —, un pèlerin autrichien assez timide demande de partager notre table. Long et maigre, tout en os et en tendons, une quarantaine d'années et de grosses mains de paysan, il ne parle que son allemand dialectal et nous avons un peu de difficulté à le comprendre ; mais il compense son ignorance des langues par un éloquent langage gestuel. Il nous raconte avoir commencé à marcher au mois de juin depuis le fond de l'Autriche, dans la Styrie, et dit avoir parcouru de 30 à 40 km par jour, parfois plus. Ce soir-là, il vient d'arriver de Santo Domingo, où nous étions deux jours auparavant. C'est un homme simple et très catholique. Nous croyons comprendre que son village envoie chaque année l'un des paysans à Compostelle pour la rédemption de tous les autres habitants. Cette année, c'est son tour, et il se sent très fier d'être à la hauteur des espoirs qu'on a placés en lui. Un véritable pèlerin cette fois, comme ceux du Moyen Âge.

Après avoir franchi la Sierra de Atapuerca par un sentier de grosses pierres, exténuant, voilà au loin la ville de Burgos, où nous comptons nous reposer deux jours. Le restant de cette étape de 23 km nous semble une promenade, tant la grande ville nous attire. Pour la première fois depuis notre départ, nous allons éprouver le saisissant contraste entre les chemins solitaires à travers la campagne et l'entrée dans une grande ville remplie de gens, d'immeubles et d'automobilistes excités. La sensation de dépaysement est semblable à celle d'un retour à la réalité quand on sort d'un rêve délicieux.

Il est très difficile de décrire des villes comme Burgos, León ou Santiago par le seul langage narratif. Il faut parcourir pour de vrai leurs rues et ruelles, visiter leurs cathédrales et contempler leurs richesses architectoniques. Elles sont comme trois grosses pierres précieuses dans le collier historique qu'est le Camino Francés. La cathédrale de Burgos, où se trouve le tombeau du Cid et de sa Chimène, est pratiquement un musée des beaux-arts, avec une abondance de tableaux et de sculptures qui n'a d'égale que celle de la cathédrale de Tolède.

Après la halte à Burgos, nous nous sentons déjà des marcheurs expérimentés. Certes, les douleurs nous font encore souffrir et ralentissent notre progression. Celle que j'appelle ma sciatique paraît s'aggraver et les comprimés analgésiques ne semblent avoir aucun effet sur elle. Le soir, au repos dans les étapes et après quelques verres d'eau-de-vie, la douleur disparaît et je dors paisiblement. Mais dès les premiers 5 ou 6 km du lendemain, elle revient en force pour me rappeler mon âge. Je commence sinon à m'y habituer, du moins à ne plus la maudire comme au début. Je crois déjà qu'elle ne me quittera plus et qu'elle risque de m'empêcher d'atteindre la fin du chemin. C'est la première fois de ma vie qu'une douleur de cette intensité s'oppose à ma volonté. Elle n'a rien à voir avec les fractures osseuses de ma jeunesse, ni avec mes accidents d'escalade ou les coups de poing reçus dans les bagarres. Cette douleur tend à s'opposer au plaisir exquis de la marche que je viens à peine de découvrir, tandis que mes inconforts du passé n'ont jamais été de taille à me paralyser dans mes désirs. Tant pis, j'avance malgré elle, tout en sachant que mes efforts auront pour effet de l'aggraver davantage. Cela devient une sorte de course : chaque étape réussie me remplit d'une joie supplémentaire, celle d'avoir encore battu cette ennemie qui cherche à m'arrêter.

Curieusement, le plaisir de la marche ne diminue pas pour autant. Peut-être que les fameuses endomorphines dont parlent les coureurs ont un effet euphorisant durant les foulées accélérées. Je n'en sais rien. En tout cas, ma perception des détails des chemins ne se trouve en rien amoindrie. Le fait est que nous sommes chaque jour plus à l'aise avec notre rythme de croisière. Et notre intimité paraît s'accroître aussi, nos regards et nos sourires semblent de plus en plus chargés de signification. Nos silences durent très longtemps, parfois toute une heure de marche lorsque nous ne trouvons aucune curiosité assez intéressante pour attirer l'attention de l'autre. Mais c'est une sorte de silence à deux, ensemble, comme si nous dansions suivant le balancement de nos corps, la mélodie de nos pas. Nous communiquons par notre seule présence et, souvent, nous découvrons en même temps ce qui peut nous intéresser. À d'autres moments, nous nous rendons compte que nous sommes en train de penser aux mêmes choses, et cela nous fait rire plutôt que de nous étonner. Ces coïncidences s'accumulent, et nous devons nous rendre à l'évidence que nos âmes qui étaient déjà sœurs, commencent à devenir jumelles.

Au hasard des douleurs, de la fatigue ou du souffle court, nous nous distançons pendant de courts moments. J'aime aussi la laisser me devancer pour jouir du spectacle de sa démarche dansante, ou du mouvement qu'ont ses cheveux, bougeant d'une jolie façon dans la direction opposée à celle de ses hanches. Ilse a une manière différente de la mienne d'attaquer le sol avec ses pieds ; elle le fait avec l'avant et les orteils plutôt qu'avec le talon. Et ceci accentue l'impression qu'elle avance en dansant. Je ne l'avais jamais autant observée de toute notre longue vie commune, et je la trouve de plus en plus jolie. Ses expressions de fatigue quand elle s'arrête dans une montée pour attendre que son cœur cesse de battre la samba me laissent très attendri, avec une envie de l'embrasser. Selon ses regards et ses sourires, je crois qu'elle ressent la même chose envers moi. Elle me dit parfois de la devancer lorsqu'elle veut prendre des photos, et c'est bon ensuite d'entendre le bruit de ses bâtons de marche sur les pierres et de la voir toute contente de me rejoindre plus loin. Mais le plus souvent, à cause de ma douleur, c'est elle qui me dépasse avec des foulées très gaies, comme si elle était seule sur le chemin. Et je la vois s'arrêter parfois à une centaine de mètres en avant, pour m'attendre en souriant, ou me criant en italien : « *Coraggio, pellegrino !* »

Peu après Burgos commence une longue portion du Camino Francés qui traverse la Meseta, un haut plateau de cultures céréalières. C'est la partie la plus monotone de tout le chemin.

Les récoltes déjà finies, les champs retournés pour l'hiver ont un aspect gris et fade. Nous quittons aussi les beaux vignobles et entrons dans les champs de la Castille dont parlent les vers de Machado. Les villages, au long de leurs étroites *calle mayor*, nous paraissent de plus en plus vides et pauvres ; même s'ils sont tout autant gorgés d'histoire et de vestiges anciens, ils ne possèdent pas le charme de ceux du début. Hornillos del Camino (19 km), Castrojeriz (20 km), Frómista (25 km), où nous arrivons complètement trempés après notre première journée de pluie. Carrión de los Condes (19 km), Calzadilla de la Cueza (22 km), que nous atteignons après une marche de 12 km en ligne droite sur une ancienne voie romaine, la Vía Aquitana, qui allait autrefois de Bordeaux à Astorga, San Nicolás del Real Camino (15 km), où nous dormons dans un gîte construit en pisé, Sahagún (7 km), où nous visitons un marché de fruits et légumes très coloré avant d'atteindre El Burgo Ranero (17 km). Mansilla de las Mulas (18 km), où nous arrivons encore une fois trempés et transis après notre deuxième journée de pluie. Nos ponchos s'avèrent peu efficaces pour nous protéger lorsque la pluie s'accompagne de vent, ce qui est souvent le cas.

Nous sommes à León le 25 octobre, après une étape de 17 km sous une pluie fine. Nous allons y rester deux nuits à l'hôtel pour nous reposer et visiter la ville. Nous commençons par un excellent déjeuner dans un beau restaurant : poivrons farcis aux crevettes suivis d'agneau braisé. Ensuite, visite de la superbe cathédrale, dont les vitraux sont uniques au monde ; leurs couleurs merveilleuses, surtout les bleus d'azurite, m'ont laissé ému jusqu'aux larmes. J'avais l'impression de me promener à l'intérieur d'un kaléidoscope. Le lendemain, promenade dans le centre historique, visite de San Marcos et un autre déjeuner fastueux. Le soir, nous sommes seuls dans un bar, attablés devant une portion colossale de *boquerones* marinés accompagnés des vins fins.

Les étapes se suivent et j'avance toujours, en dépit du fait que mes douleurs à la hanche s'amplifient. Ilse, au contraire, est entièrement rétablie et gambade comme une adolescente, ce qui l'oblige à m'attendre souvent et à tenter de me réconforter. En direction de Villadangos del Páramo (22 km), le chemin suit tout bonnement une route, la N-120, et c'est très peu intéressant. Pour rompre la monotonie, nous décidons de déjeuner à midi dans un restaurant du village de San Miguel del Camino avant de poursuivre. C'est un peu trop tôt pour les Espagnols, qui ont l'habitude de s'attabler entre quatorze et quinze heures. Le restaurant El Rincón est encore vide. Júlia, la charmante propriétaire, nous demande d'attendre en buvant du vin, car elle n'a pas encore fini de tout cuisiner. Ce que nous faisons avec plaisir, car un moment de repos est toujours le bienvenu. C'est alors que nous faisons la connaissance de Santiago, un Barcelonais de notre âge, qui arrive peu après et qui demande de partager notre table. Nous mangeons et nous bavardons agréablement, chacun racontant des anecdotes de son propre chemin ou de sa ville natale. Au moment de nous quitter, il ne nous laisse pas payer notre part ; de toute façon, il a déjà réglé la note avec la propriétaire. Il trouve bien naturel que nous soyons ses invités, après avoir joui de notre présence. Voilà le genre de rencontre qui risque d'arriver lorsqu'il n'y a pas de barrière linguistique.

À Villadangos, nous avons une petite chambre pour nous deux au gîte, qui est d'ailleurs pratiquement vide. Le soir, un autre excellent *menú del peregrino* dans le seul hôtel du village : petits pois aux lardons suivis de calamars grillés (*chipirones a la plancha*). Santiago, notre compagnon du déjeuner, loge dans cet hôtel et vient nous rejoindre pour le repas en compagnie d'un Français très bavard que nous avons rencontré au gîte. D'autres agréables conversations arrosées de vin et d'*orujo*.

Le 28 octobre, une longue étape de 26 km nous mène jusqu'à Astorga, heureusement en terrain plat. À mi-chemin, nous traversons le plus beau pont de tout le Camino, sur la rivière Órbigo, très long et étroit, constitué de dix-neuf arches. C'est aussi l'un des ponts les plus célèbres de la péninsule ibérique, car il a fait l'objet, en l'an 452, de batailles entre les Suèves et les Wisigoths. Il a gagné son épithète de « *passo honroso* » dans une autre bataille, en l'an 900. Il a beau avoir été restauré à maintes reprises au long des siècles, il n'en garde pas moins son apparence moyenâgeuse. Le pont conduit au village de Hospital de Órbigo, autrefois le site d'un important hospice pour pèlerins. Nous en profitons pour nous restaurer avec des *bocadillos* et de la bière.

Astorga, la ville aux énormes murailles, siège épiscopal de la région depuis le IIIe siècle, possède aussi une magnifique cathédrale gothique au portail méticuleusement sculpté. Nous arrivons quand le soleil décline déjà et notre promenade touristique dans le centre historique reste très superficielle. C'est d'ailleurs ce qui laisse un peu déçus les pèlerins, car il faudrait le double ou le triple du temps pour explorer convenablement toutes les richesses de cette région peu touristique de l'Espagne. Souvent, on doit se contenter surtout du charme du chemin et regarder en passant, même à la hâte, certaines merveilles qui font rêver.

Le jour suivant, le temps est encore une fois au beau fixe. Nous partons en direction de Rabanal del Camino (20 km) par un sentier montant en pente douce. Plus tard, à El Ganso, un hameau de maisons aux toits de chaume en partie en ruine, nous nous arrêtons pour manger dans un vieux bar avec un patio couvert. La patronne et deux amies bavardent et font du crochet, tandis qu'une vieille femme est aux petits soins pour nous servir. La suite du chemin jusqu'à l'étape est fort agréable, avec de beaux paysages et des sentiers en forêt. Le gîte à Rabanal, le refuge Gaucelmo, est situé dans l'ancienne maison paroissiale de l'église de Santa María (XIIe siècle), attenante à un minuscule monastère ; ce dernier était autrefois aussi un fortin de l'ordre des Templiers. Il est tenu par des membres de la Confraternity of Saint James de l'Angleterre. Nous sommes accueillis par un vieux couple d'hôtes, très sympathiques et chaleureux, qui nous confient aussitôt qu'ils avaient vécu plusieurs années au Québec. Ils nous demandent si nous voulons lire un court texte de bienvenue et de bénédiction aux autres pèlerins pendant les vêpres, moi en français et Ilse en allemand. J'accepte ; mais c'est trop demander à la timidité naturelle de ma bien-aimée, sans compter qu'Ilse se méfie des rituels animistes, et elle refuse gentiment. Mais, plus tard, elle aussi sera émue par ce à quoi nous allons assister. L'un des moines me donne rendez-vous dans le couvent, juste avant la messe, pour m'expliquer ce que je dois faire. C'est un grand gaillard, Canadien de l'Ontario, qui est là pour deux ans de réclusion en compagnie de trois autres jeunes moines d'origines diverses. Ilse et moi, nous nous demandons ce qu'un beau jeune homme comme lui cherche à fuir en compagnie d'autres moines tout aussi ravissants de douceur virile. Mais, comme dit Lucien dans *Le maître de jeu*, les voies du Seigneur sont insondables.

La petite église de style roman est jolie même si elle aurait besoin de beaucoup de restauration. Tous les pèlerins du jour et quelques habitants du hameau sont présents. Les chants grégoriens chantés a cappella par les jeunes moines sont très beaux ; leurs puissantes voix masculines font vibrer des cordes d'émotions bien primitives chez chacun des spectateurs. Ensuite, trois autres pèlerins et moi lisons les bénédictions à tour de rôle, en espagnol, en anglais, en français et en allemand. Même en n'étant pas croyant, je me sens ému de participer à cette cérémonie, car c'est une célébration de la fraternité entre marcheurs, au delà des nationalités, sans une goutte de bondieuserie. Après, naturellement, tout le monde se rue vers le restaurant La Posada de Gaspar pour souper. Nous revenons au gîte par la seule rue du village, sous un ciel scintillant d'étoiles.

Le lendemain, une étape de 17 km jusqu'à El Acebo. La journée commence par un copieux petit-déjeuner offert par la fraternité de Saint James. On nous avertit qu'il faut bien manger, car l'ascension du mont Irago sera rude, même si nous n'avons plus besoin de la présence des moines templiers pour nous protéger des loups et des autres dangers du chemin. Lorsque nous quittons le gîte, tout est encore plongé dans la noirceur. Nous posons nos sacs à la sortie du village et nous attendons l'aube pour entamer cette étape mythique.

Le sentier qui monte depuis Rabanal est très étroit et caillouteux, serpentant parmi les bruyères, les genêts et les bosquets de pins. L'ascension est assez exigeante jusqu'à Foncebadón, 5 km plus loin. Le temps est brumeux et frisquet, et nous avançons lentement. Foncebadón est un village de montagne presque entièrement en ruine, abandonné depuis longtemps par ses habitants. Heureusement, il reste un bar en activité pour l'accueil des marcheurs, et nous y faisons une pause-café. Au contraire de ce que nous avions lu dans notre guide, nous n'avons rien vu des meutes de chiens errants ou de rats géants qui assaillent le marcheur parmi ces ruines. Sans doute qu'ils sont partis de là lorsqu'il n'y avait plus rien eu à manger. Le spectacle est tout de même sinistre. Nous continuons ensuite la montée jusqu'au sommet du mont Irago, à 1 500 m, où se trouvent la fameuse Cruz de Hierro et la chapelle de Santiago. Nous y faisons une longue halte après avoir ajouté, comme le dicte la tradition, un caillou de plus à l'énorme amoncellement de pierres au pied de la longue croix. Nous avons pris notre caillou là-haut, car ceux que nous avions apportés de Montréal pour l'occasion ont été retirés de nos sacs dès la Rioja, quand nous avons décidé d'alléger notre fardeau. Tant pis, c'est l'intention qui compte, dit-on. Un nombre incalculable de pèlerins ont participé à cet aménagement, avec des cailloux apportés de chez eux, en perpétuant sans le savoir un hommage des Romains au dieu Mercure (montes de Mercurio), le patron des voyageurs. C'est le moine Gaucelmo, au XIᵉ siècle, qui planta une croix sur le gros tas de pierres des Romains pour christianiser le monument ; neuf siècles après, ce dernier ressemble déjà à une petite colline, avec des cailloux provenant de partout dans le monde.

Un jeune marcheur japonais s'offre pour prendre des photos de Ilse et moi devant la croix. Peu après, un autre marcheur nous apprendra que ce Japonais au chapeau de paille, très affable avec tout le monde, est en fait un moine bouddhiste. Il voyagerait à pied depuis longtemps sur les lieux de pèlerinage de la chrétienté pour les étudier ; il serait déjà passé par Rome et Lourdes, et il compte aller à Fatima avant de rentrer au Japon.

Peu après la Cruz de Hierro commence la descente dans la vallée. Le paysage est d'une très grande beauté. La ville de Ponferrada se profile au loin, illuminée par le soleil. Au premier plan, en bas d'une pente, nous attend le très charmant village de El Acebo avec ses toits en ardoise. Nous entrons dans la région appelée El Bierzo, dont les vins exquis commencent à être considérés comme faisant partie des meilleurs d'Espagne. La descente est sinueuse, vertigineuse et assez glissante à cause des restes de brume sur les pierres. Nous arrivons à El Acebo mouillés de brouillard, avec les genoux en compote. Ma douleur s'est aggravée et je suis content d'arriver sans avoir chuté dans le sentir à pic. Le gîte est en haut d'un restaurant ; après nous être installés, nous descendons, attirés par le fumet qui monte de la grande salle à manger. On y sert surtout le *botillo*, un plat typique du Bierzo : une sorte de panse de porc généreusement remplie de cochonnailles, le tout fumé et cuit au four. Chaque *botillo* est énorme et on en sert un par client. Tout à fait délicieux et exotique à la fois. Après un tel repas, bien arrosé de vin et d'*orujo*, et considérant la descente que nous venons de réussir après la montéc de l'Irago, il ne me reste qu'à aller faire la sieste. Ilse en profite pour partir photographier le village et les troupeaux de chèvres qui le traversent en bêlant.

Nous revenons le soir au restaurant, uniquement pour grignoter et pour déguster encore le vin si savoureux. La nuit est très froide et humide, car El Acebo est encore en pleine montagne et le gîte n'est pas chauffé. Nous devons dormir dans nos sacs, recouverts d'épaisses couvertures pour ne pas grelotter.

L'étape vers Ponferrada (15 km) est courte, mais elle se caractérise par une descente toujours assez raide, dont une bonne partie dans un simple lit d'écoulement des torrents venant de la montagne. Ce semblant de sentier est rempli de grosses pierres et il est très glissant, d'où la lenteur de notre progression. Une fois en bas, nous faisons une halte au joli village de Molinaseca avant de gagner Ponferrada. La répercussion des coups de la descente sur ma hanche a aggravé sérieusement mes douleurs, ce qui nous oblige à ralentir encore. Ilse se porte à merveille. Même si je tente de cacher ma condition, notre intimité est trop grande pour qu'elle ne s'en aperçoive pas. Elle tente de me rassurer discrètement par des sourires et toutes sortes d'attentions, et cela me montre qu'elle n'est pas dupe. Ce n'est pas que je crâne, mais l'euphorie de la marche m'absorbe presque entièrement ; après des instants de repos, voilà que l'envie de continuer m'assaille, d'autant plus que la ville est à portée de vue.

Au gîte de Ponferrada, après la douche, nous faisons la connaissance de Ricardo, un jeune ingénieur brésilien retenu là depuis quelques jours en raison d'une tendinite. C'est aussi ce que j'aurais dû faire, m'installer quelque part en attendant de guérir. Mais la « tendinite » semble un truc si ridicule à mes yeux qu'encore aujourd'hui, en écrivant ce texte, j'ai de la difficulté à croire qu'un truc pareil puisse vraiment arrêter un type comme moi. Et puis, les nombreux Français rencontrés au long du chemin ne cessaient d'évoquer cette fameuse « tendinite », jusqu'à l'écœurement, au point que je croyais qu'il s'agissait d'une lubie de plus, semblable à leurs complaintes sur leur foie. Et ma douleur était dans l'articulation du bassin avec le fémur et non pas dans un tendon ! Je m'entêtais aussi parce qu'une fois à l'étape, tout me paraissait aller mieux. Pourquoi alors ne pas partir explorer la belle Ponferrada, avec son extravagant château de l'ordre des Templiers et ses nombreux restaurants ? C'est ce que nous faisons. Au deuxième étage d'un immeuble sur la place de l'Hôtel-de-Ville, nous découvrons un restaurant magnifique. Nous nous y attablons pour un repas somptueux : des entrées copieuses de *boquerones* et de *pimientos del piquillo*, suivies d'un plat de langue pour Ilse et d'une morue grillée, sauce à l'huile, à l'ail et aux fines herbes pour moi. Du vin rouge du Bierzo et des *orujos* commé dessert. Ensuite, la promenade digestive en ville et l'achat d'une bouteille de vin pour ce pauvre Ricardo, bloqué au gîte sans pouvoir sortir de là.

Le lendemain, nous entamons une longue étape de 24 km jusqu'à Villafranca del Bierzo. C'est la fête des morts et il fait très beau. Nous passons à côté de divers petits cimetières où les gens sont en train de laver et de fleurir les tombes, ce qui leur donne un air presque joyeux. À mi-chemin, dans le village de Cacabelos, nous déjeunons dans une *pulpería* — un restaurant spécialisé en pieuvre grillée, une spécialité de la Galice. La salle est remplie de familles en ce jour de fête et l'ambiance est très joyeuse en dépit du fait que ce sont des défunts qu'on célèbre. Les serveuses s'affairent à apporter des rations copieuses de pieuvre grillée, saupoudrée de piment fort et de sel et arrosée d'huile d'olive, servies sur des assiettes en bois. Délicieux ! Nous entrerons bientôt en Galice et nous allons encore et encore déguster ces plats de pieuvre accompagnés désormais d'excellents vins blancs.

En chemin nous rencontrons Ricardo, qui s'est remis en marche. Hélas ! ce n'est pas ma bouteille de vin qui l'a décidé à sortir du gîte, mais bien la réputation de guérisseur et de chaman d'un dénommé señor Jato, l'hôte d'un gîte rustique à Villafranca. Comme tout bon Brésilien, il a l'air de croire à ces fadaises. Il nous convainc d'aller aussi à ce gîte, réputé comme étant l'un des plus pittoresques du Camino, plein d'énergies positives flottant dans l'air. Malheureusement, quand nous y arrivons, le thaumaturge Jato, qui avait peut-être raté quelques messages importants provenant des étoiles, se trouve hospitalisé en ville, sans trop d'espoir de revenir de sitôt à son lieu de culte. Un cas de plus de cordonnier mal chaussé, sans doute. Le gîte est très primitif, sans chauffage ni eau chaude, avec des toilettes dans la cour et des chambres minables traversées par la bise. Tant pis, nous sommes trop fatigués pour chercher un autre endroit ; nous préférons nous coucher aussitôt pour une courte sieste avant d'aller souper en ville. La nuit, une fois de plus, nous devons dormir tout habillés dans nos sacs de couchage, incapables de contrer le froid et l'humidité. Cela nous apprendra à suivre des conseils farfelus. De toute manière, Ricardo se porte déjà beaucoup mieux (un effet des effluves bienfaisants laissés par le señor Jato dans l'air du gîte ?) et continuera à marcher jusqu'à la fin.

Le matin, pour l'étape ardue (28 km) jusqu'au sommet du Cebreiro, à 1 300 m d'altitude, nous acceptons l'offre de faire transporter nos sacs à dos par un taxi jusqu'à l'étape. Nous marcherons allégés et ce sera, nous le croyons, une promenade. Erreur ! À la sortie de Villafranca, des petits vieux nous assurent que le chemin le long de la route N-IV est très dangereux à cause du trafic intense. Ils nous suggèrent alors un autre chemin, par la crête des montagnes. Nous suivons leur conseil. Au début du sentier d'accès et avant d'entreprendre la montée, une pancarte délavée avertit le marcheur qu'il s'agit d'un chemin pour grimpeurs expérimentés. Mais, sans les sacs à porter, nous nous sentons d'attaque ; nous n'allons pas nous laisser effrayer par une petite grimpette après avoir traversé les Pyrénées ! En fait, la montée est extrêmement abrupte, presque à la verticale par endroits, et très longue avant d'atteindre le chemin des crêtes. Ce n'est pas pour rien que nous sommes les seuls à l'entreprendre. Tant pis, il faut maintenant continuer. Dès que nous dépassons la mer de brouillard, le panorama des montagnes environnantes est majestueux, et il compense pour nos efforts et notre souffle court. Lorsque la journée s'éclaircit davantage, nous distinguons tout au fond de la vallée la route droite mais dangereuse qu'ont choisie les autres marcheurs. Nous ne regrettons pas notre décision et nous continuons par un sentier magnifique parmi des forêts et des landes sans rencontrer personne. Après deux heures de marche là-haut, le chemin bifurque dans une forêt d'immenses châtaigniers et la descente commence. Tout a l'air sauvage alentour. Nous rencontrons quelques cueilleurs de châtaignes ; leur présence nous rassure. Cette descente sur le village de Trabadelo, tout petit là-bas, dans la vallée, se fait par une piste en zigzag très abrupte aussi, à flanc de montagne. Nous arrivons en bas avec les jambes toutes molles. C'est alors que nous nous rendons compte de notre bévue. En effet, ce parcours destiné aux chèvres vient de nous prendre quatre heures de marche et Trabadelo est à peine à 10 km de notre point de départ. Ce qui signifie qu'il nous reste encore 18 km jusqu'au sommet du Cebreiro, où nous attendent nos sacs. Surtout, nous sommes une fois de plus au fond de la vallée, à côté de la route dangereuse, et il nous faut remonter de l'autre bord. Impossible de le faire dans le laps de temps qui nous reste. Dans ces occasions, il faut réfléchir vite et se montrer flexible. Du bar de Trabadelo, nous appelons un taxi et nous faisons conduire au village de La Faba, 13 km plus loin, au pied du Cebreiro. Voilà, nous avons rattrapé le temps perdu et nous pouvons entreprendre les 5 km de l'ascension de la grande montagne avant la tombée de la nuit.

Depuis La Faba, le sentier est aussi très beau. Notre joie d'avoir résolu le problème à Trabadelo nous fait oublier la fatigue et nous laisse les sens ouverts pour nous émerveiller du panorama de cette montée mythique du Camino Francés. Le hameau au sommet du Cebreiro est plongé dans une brume épaisse lorsque nous arrivons et la noirceur commence à s'installer. Plutôt que d'aller au gîte, nous choisissons de nous offrir une nuit au joli hôtel situé en haut du bar de la place. Nous récupérons nos sacs et nous nous installons, tout contents, dans la chambrette moderne, avec salle de bains, eau chaude et chauffage. Dehors, il vente fort et il fait très froid. Après le souper, nous restons encore au bar pour célébrer avec des *oru-jos* cette journée difficile mais qui finit bien.

Le matin, le ciel est gris et il vente encore très fort. Mais la descente de la montagne se fait en pente douce, suivie de quelques petites grimpettes abruptes jusqu'au Alto de Poyo. Nous sommes maintenant en Galice et la fin du chemin approche. Sur les sentiers de cette région il y a des bornes tous les 500 m pour encourager l'avancée des pèlerins. Nous continuons la longue descente à travers des chemins de ferme remplis de bouse de vache, sous une pluie torrentielle, la plus violente de tout notre voyage. Après 21 km de marche où nous ne voyons presque rien du paysage, nous arrivons en fin de journée, trempés et transis, à l'étape de Triacastela.

La Galice est la plus belle et la plus variée des régions du Camino Francés. La végétation y est luxuriante à cause de l'humidité venant de l'Atlantique, et la gamme de verts qu'on y trouve est de nature à faire frémir le peintre en moi. Les forêts de chênes et de châtaigniers sont spectaculaires, avec d'énormes arbres vieux parfois de plusieurs siècles. Les champs cultivés ont des allures de jardins ; on y retrouve partout des murets de pierres plates placées à la verticale, qui sont un héritage du passé celtique. Les villages sont adorables et les maisons bien conservées. Les sentiers suivent très souvent des lits de pierres destinés à l'écoulement des eaux pluviales, les *corredoiras*, entourés de tant de végétation qu'ils paraissent être des tunnels de verdure. Nous devons aussi traverser à gué plusieurs torrents gonflés par les pluies des derniers jours.

Après Triacastela, de nouveau sous le soleil, voilà Sarria (17 km), un lieu assez animé, avec sa vieille ville au sommet d'une colline. Puis, c'est Portomarín (21 km), une ville qui a été démontée pierre par pierre pour être transportée et reconstruite en haut d'une élévation, à cause du barrage qui allait ensevelir son ancien emplacement. Pour y accéder, il faut traverser le très haut pont sur le fleuve Miño ; cela me donne le vertige, surtout que le tablier métallique vibre très fort au passage des autos. Habituée aux montagnes suisses, Ilse se sent à l'aise et elle me guide, m'encourageant pour que j'avance sans regarder le vide. Je me servirai de cette scène deux ans plus tard, dans *Le fou de Bosch*, lorsque le pauvre Zvatopluk sera aidé dans la traversée du même pont par une des bestioles du peintre Jérôme Bosch.

En Galice, nous commençons à voir les *hórreos*, ces ingénieux silos à grain construits sur pilotis pour empêcher les rats de s'attaquer aux réserves. Chaque ferme possède un ou deux de ces *hórreos*, bâtis avec art et souvent sculptés, tous différents les uns des autres. Le chemin continue ensuite jusqu'à Palas de Rei (24 km) par des sentiers magnifiques même lorsqu'ils longent les routes ; Melide (15 km), où nous arrivons en plein jour de marché et où nous rencontrons un Québécois du Lac-Saint-Jean ; ensuite Arzúa (13 km), où je parviens de peine et de misère, presque incapable de me tenir debout. C'est le 8 novembre et il fait très beau. Nous sommes à deux étapes seulement de Santiago de Compostela, mais je commence à me rendre à l'évidence que je n'y arriverai pas en marchant. En plus de la douleur lancinante dans la région droite du bassin, j'éprouve une perte de sensibilité dans toute la jambe et le pied, ce qui m'empêche de garder mon équilibre. Tant pis. Si près du but, je décide de forcer après avoir anesthésié mes sens avec de larges rasades d'*orujo*. Je tente en vain de cacher mon état à Ilse. Elle sait que je cherche à crâner et, à son tour, maladroitement, elle fait semblant qu'elle n'est pas soucieuse.

J'arrive encore à parcourir l'étape suivante, les 17 km jusqu'au village de Brea. Les gens de la pension O Mesón nous accueillent de manière chaleureuse en voyant ma condition. La propriétaire est aux petits soins pour nous et prépare un beau repas que Ilse monte à notre chambre. Je ne peux plus me tenir debout. Le lendemain, le patron de la pension nous offre de nous conduire en auto jusqu'à Santiago, les petits 20 km qui nous restaient pour boucler les plus de 800 km du Camino Francés. J'ai si mal au bassin que je ne suis même pas déçu de finir ainsi le voyage. Mais j'ai de la peine pour Ilse, qui est dans une forme colossale maintenant.

Tôt le matin, il nous dépose Plaza del Obradoiro. Ilse m'aide à me traîner jusqu'à l'hôtel Pico Sacro, juste à côté. J'attends au bar, en sirotant des *orujos* contre la douleur en dépit de l'heure matinale, pendant qu'elle part m'acheter une paire de béquilles. Il y a des béquilles à vendre dans toutes les pharmacies, je ne suis pas le seul estropié. Vers dix heures du matin, Ilse revient, toute contente, en gambadant à l'aide de deux béquilles canadiennes comme si elle était une gamine de cirque. Elle s'est exercée en chemin et sait même déjà monter des marches. Dans le bar, elle fait encore d'autres prouesses périlleuses pour m'apprendre à utiliser ces supports. Mais je suis trop ivre et hilare en la voyant se divertir de la sorte. Plus tard j'essaierai les béquilles ; pour le moment, il faut que je monte à la chambre me coucher. Nous irons nous promener l'après-midi.

Trois

À l'aide des béquilles, je pouvais de nouveau me déplacer sans trop d'inconfort. Nous avons donc passé deux ou trois jours à visiter la belle ville de Santiago, tentant de faire encore durer le plaisir de cette longue randonnée. Comme les centaines d'autres pèlerins, nous avons même assisté à deux messes dans la cathédrale, surtout pour admirer les voltiges du fameux *botafumeiro*, un gigantesque encensoir qui pend du haut de la coupole et que les curés font balancer à l'aide de cordes et de poulies. Ce que je ressentais le plus clairement alors était la sensation de faim, une faim continuelle. Ilse aussi avait un appétit vorace. Nous avions ainsi un grand plaisir au moment des repas, en nous goinfrant notamment de larges portions de tarte de Santiago, un vrai délice de sucre et d'amandes. En fait, nous avions trop maigri durant le chemin et nous flottions dans nos vêtements. J'avais perdu huit kilos depuis notre départ de Montréal, ce qui s'ajoutait aux quelques autres kilos qui s'étaient déjà envolés à cause de l'entraînement pendant l'été. Sans doute que cette perte pondérale rapide, chez un sujet normalement peu enrobé, avait été pour quelque chose dans ma condition finale d'estropié. Première leçon à tirer de ce périple : à l'avenir, si je voulais entreprendre un autre voyage

Sergio Kokis, *Sentier 3*, huile sur masonite, 51 cm × 61 cm, 2014.

de ce genre, comme pour un combat de boxe, il faudrait penser à me garnir de kilos supplémentaires avant de commencer à marcher.

La deuxième sensation, bien plus subtile, était celle d'une sorte de tristesse fuyante, une mélancolie vague qui ne se laissait pas tout à fait définir mais qui connotait le monde alentour. Cette dysphorie n'avait cependant rien à voir avec mes douleurs articulaires. J'avais commencé à la ressentir dès notre entrée en Galice, lorsque les bornes kilométriques indiquaient la distance qui restait à parcourir avant d'arriver à Santiago. Plutôt que de me réjouir en me montrant la proximité du but, ces indications me rappelaient que, bientôt, l'aventure prendrait fin. Et que je devrais alors retourner à ma vie telle que je la connaissais. Ce beau chemin où je me sentais si léger, si dégagé de tout, allait cesser d'exister pour moi. Je n'étais cependant pas encore conscient de ce sentiment de perte à ce moment-là. Toutes les expériences que j'avais engrangées durant ce long vagabondage étaient trop présentes à mon esprit et occupaient sans cesse mes réflexions. Mais je commençais déjà à soupçonner sa nature dans les instants où une nostalgie subtile accompagnait le souvenir de certains passages du chemin. Curieusement, même mon exil n'avait jamais provoqué de ces tristesses douces qui m'envahissaient pendant les semaines précédant notre départ de Porto pour revenir à la maison. Depuis l'arrivée à Santiago et la fin soudaine de la marche, ma tête partait à la dérive, comme s'il me fallait absolument récupérer chaque moment de cette expérience merveilleuse qui risquait de disparaître dans l'oubli ou dans le rêve. Et tout le restant de mes mondes, aussi bien mes livres que mes tableaux, semblait dévitalisé devant les souvenirs en cascades défilant dans mon cerveau. C'était quelque chose d'encore trop nouveau et je préférais attribuer ce spleen à ma condition physique, en attendant de l'explorer plus tard. Ou encore, je me disais que la frustration due à l'inachèvement du périple — la maudite dernière étape — était à la source de cette insatisfaction, d'où mes tentatives continuelles d'évocation ; cela est connu en psychologie expérimentale sous le nom d'« effet Zeigarnick », c'est-à-dire la persistance irritante des tâches inachevées dans la mémoire d'un sujet.

Après Santiago, tradition du chemin oblige, nous avons passé deux jours à Finisterra avant de prendre le car pour le Portugal. Nous avons fait une brève visite à Braga et nous avons ensuite pris une chambre au bord de la mer, au sud de Porto, pour y attendre notre vol de retour. Tout me paraissait très paisible, mes douleurs disparaissaient et nous reprenions un peu du poids perdu. Nos jours étaient occupés à des lectures et à de courtes promenades fort insouciantes le long des plages. Mais la nostalgie ne faisait qu'augmenter pendant cette période de convalescence, ce qui me laissait pensif et surpris à la fois. C'était comme si j'avais, à l'aube de ma vieillesse, découvert une facette tout à fait nouvelle de ma personne, un fond mélancolique de l'âme que je n'avais jamais fréquenté auparavant. Pourtant, de nature introspective, je n'avais fait que me fréquenter depuis ma tendre jeunesse, toujours à la recherche d'un peu de cohérence dans mon identité en forme de mosaïque. Les élucubrations mystiques au sujet de ce pèlerinage légendaire continuaient à me faire sourire. Cependant, de toute évidence, moi aussi, je semblais vivre quelque chose d'exceptionnel après avoir parcouru le chemin de Compostelle. C'était fort agaçant pour un sceptique de mon acabit. Cela exigeait une explication, laquelle est apparue les mois suivants, les années suivantes même, à mesure que Ilse et moi répétions la même expérience de marche et de liberté sur d'autres longs parcours.

La première vraie bribe de réponse à mes questions m'est venue sous la forme d'une perception déconcertante, le soir même de notre arrivée à Montréal. Je parlais au téléphone avec un de mes fils quand mon regard s'est posé sur ma bibliothèque et sur ma collection de pipes. J'ai ressenti alors quelque chose de semblable à ce que Roquentin avait éprouvé à la vue de la racine protubérante d'un arbre : la nausée. Tout à fait la nausée, l'impact de l'en-soi sartrien avec une netteté qui m'a coupé le souffle. Après deux mois de vie dépouillée, avec mon sac à dos pour tout bagage, cette abondance d'objets superflus m'est apparue dans toute son absurdité, comme un boulet destiné à entraver ma liberté. Presque comme une menace. Pourtant, j'adore mes pipes et je ne peux pas me passer de mes livres, des innombrables annotations que ces derniers contiennent et que je retrouve avec plaisir lorsque je les consulte. Or, pendant le Camino je m'étais contenté d'emporter seulement deux pipes — qui sont d'ailleurs devenues mes préférées par la suite —, et j'avais jeté mes livres dès la première journée de marche. En fait, j'avais passé presque deux mois sans lire un seul livre, ce qui ne m'était jamais arrivé depuis la découverte de *L'île au trésor*, à l'âge de neuf ans. Et, pendant ce temps, mon imagination semblait luxuriante au point de me faire sourire. Ces milliers de volumes, mes dizaines de pipes ainsi que toute ma maison me renvoyaient maintenant un regard non pas hostile, mais empreint de viscosité. Je me suis aussitôt souvenu de certains passages de mes romans, où j'avais parlé de ma répugnance envers les gens en situation de mort en vie, des gens qui se contentaient d'être des volumes dans un paysage existentiel désolant.

C'est ainsi que j'ai commencé à comprendre la nature réelle de cette expérience vécue en marchant. Aussi, à me rendre compte que ma propre vie pouvait s'en trouver transformée. Il n'y avait là rien de mystique, bien au contraire. N'importe quelle expérience de très longue randonnée aurait pu avoir cet effet, en provoquant la sensation de dépouillement des habitudes acquises et de rencontre avec mon moi le plus intime. Il est vrai que ce chemin plein de légendes et d'histoire a un charme particulier pour accentuer le drame où se trouve plongé le marcheur. Il suffit de penser aux innombrables pèlerins qui l'ont foulé avant nous au long des siècles, chacun en quête de quelque salut ou exploit personnel. Mais ce contexte n'explique pas tout. Ma tristesse venait simplement de la cessation du projet, de l'impression d'avoir vécu l'aventure trop vite, à la légère pour ainsi dire, sans avoir su explorer plus à fond chacun de ses instants magiques. Un peu comme si j'avais gaspillé ces mois de marche, sans avoir tiré tous les enseignements ou acquis toute la lucidité qu'ils étaient en mesure de m'offrir. Voilà, le Camino Francés était fini et je ne pourrais plus jamais le parcourir avec la même fraîcheur, la même appréhension ou le même émerveillement que lors de la première fois.

Il va de soi qu'à l'époque je n'étais pas conscient de tout cela comme je le suis aujourd'hui, après avoir parcouru d'autres milliers de kilomètres sur des sentiers de longue randonnée dans divers pays. C'était uniquement le début d'une prise de conscience de cette nouvelle facette de ma personne, que j'allais continuer à découvrir et à cultiver les années suivantes, ou même jusqu'à la fin de mes jours. Maintenant, je connais la réponse aux questions formulées pendant que j'avais encore mes béquilles, à Finisterre ; je la connais pour l'avoir consciemment expérimentée sur de nombreux autres parcours. Et je sais que les gens qui ont fait le Camino ne mentent pas, qu'ils n'exagèrent pas lorsqu'ils prétendent avoir vécu une expérience initiatique en marchant vers Compostelle. S'ils ont besoin des prétendues reliques de l'apôtre Jacques pour justifier leur métamorphose, cela n'est pas si grave en fin de compte, même si l'idée d'une cause mystique me répugne. Elle me répugne surtout parce qu'il s'agit d'une explication extérieure, aliénante dans le sens étymologique du terme. En fait, le vrai pèlerin marche vers lui-même. Le poète Machado a raison : il n'y a pas de chemin, il y a seulement des marcheurs, des chemineaux de la vie. Et chacun marche vers son lieu de nostalgie, à la recherche de ce qui donnera un sens à son cheminement.

Naturellement, les gens déjà passionnés de longues randonnées trouveront évidentes les réflexions qui suivent. Je juge important de les signaler malgré tout, car elles peuvent ouvrir la voie de la marche à d'autres débutants comme celui que j'étais à l'époque. En ce qui me concerne, je crois pouvoir dire que cette première expérience a été le début de mon contact plus intime avec ce qu'en philosophie on appelle l'ipséité. Il s'agit d'un concept subtilement distinct de celui d'identité, que je n'avais pas jusqu'alors considéré à sa juste valeur. Pour le définir de manière imagée, on peut dire que l'ipséité est l'ensemble de ce qui disparaîtra avec notre mort, tout ce qui mourra avec nous, au contraire de tout ce que nous laisserons derrière au moment de mourir. Elle se distingue de l'identité par le fait que cette dernière inclut aussi, outre l'ipséité, l'altérité du sujet et ses rapports avec l'univers qui l'entoure. Ainsi, par exemple, mes livres, mes pipes, mes films préférés, même mon épouse, ma maison ou mes enfants, constitutifs de mon identité, gardent un aspect d'extériorité, d'altérité par rapport à mon ipséité. Tout cela fait partie du monde qui est le mien, dans lequel je rayonne et où je me reconnais comme étant un sujet parmi d'autres. L'identité comprend aussi le récit que je fais aux autres de ma propre vie depuis le début et le récit qu'ils se font de moi. Par ailleurs, dans une couche plus profonde — celle de l'ipséité — se situent mes sentiments, mes émotions ou mes projets intimes, mes souvenirs aussi de ces êtres et de ces choses qui m'entourent et qui m'ancrent dans le réel. De même, mon propre corps, dans ses aspects de sensibilité proprioceptive — plaisir, douleur, sentiment d'unité matérielle devant le monde — et tel que je le ressens sous le regard d'autrui. Autrui tel que je le perçois, naturellement, ou que je crois le percevoir dans mon intimité. L'ipséité comporte en outre la conscience plus ou moins claire d'avoir brodé mon récit personnel pour le public avec des morceaux disparates, avec des accidents et des mensonges, avec mes peurs et ma fragilité essentielle. Ainsi, seulement dans les rares moments de grande lucidité, l'identité et l'ipséité arrivent à se juxtaposer quelque peu. Au moment de la mort, ce qui disparaît avec le sujet est justement l'ensemble de ce qui constitue cette partie intime faite de significations personnelles par rapport à ce qui avait été notre ancrage dans le monde. Les anciens concepts grecs d'âme (*psyché*) ou de démon personnel (*daimon*), par opposition à la perversion introduite par la philosophie chrétienne, me semblent aussi convenables pour dire plus prosaïquement ce domaine mystérieux de l'ipséité.

Alors, mon regard surpris, reconnaissant mes livres et mes pipes, ainsi que tout le fatras accumulé pour me donner un semblant d'identité, était celui de quelqu'un qui vient de fréquenter sa propre ipséité passablement dépouillée et qui a, au long du chemin, fait l'expérience de quelques instants de lucidité. Et je ne pouvais que sourire.

Voilà la solution à mes questions sur le chemin de Compostelle — une maladie grave qui suspend le rythme du quotidien, un accident terrible qui nous met face à la mort ou toute autre fracture radicale du tissu de notre existence. Par l'interruption de notre relation au monde et par le dépouillement matériel qu'elle implique, une randonnée de longue distance peut nous offrir l'occasion justement de nous ouvrir à ce registre d'ipséité souvent voilé — ou travesti par la mauvaise foi — dans notre vie de tous les jours. En marchant, nous sommes obligés d'avancer allégés, sans les objets et sans le regard public que nous croyons essentiels au maintien de la cohésion de notre histoire personnelle, de notre identité. Leur absence, ou la diminution momentanée de leur présence rassurante, a pour effet d'éclaircir le champ de la conscience de soi et permet alors d'entrer en contact avec ce soi-même qui va disparaître entièrement un jour. L'existence s'enrichit alors, paradoxalement, dans le sens que signalent Montaigne ou Heidegger. L'expérience du pèlerinage peut ainsi être conçue comme une expérience in vitro de la mort de notre vie antérieure, et elle s'accompagne d'une richesse imaginaire originale. Mort et transfiguration, dans les meilleurs des cas.

Il va sans dire que l'aspect physique et solitaire de la marche est fondamental dans une telle entreprise. Une croisière sur un paquebot de luxe ou un séjour dans un club de vacances ne sauraient dépasser le simple dépaysement. Outre le dépouillement matériel lié à l'obligation de voyager léger, j'ignore le rôle que joue l'élément « effort physique » de la marche dans l'obtention des états psychiques propices à l'intimité avec soi. Mais je suis persuadé que des facteurs neurochimiques sont aussi à l'œuvre pour nous faciliter ces épisodes de lucidité, tant externes, sensoriels, qu'internes, spirituels. Enfin, le plaisir physique de sentir son corps obéir à sa volonté dans des situations difficiles doit être familier à tous les sportifs, bien sûr. Mais, là encore, c'était du nouveau pour moi, et cette découverte à l'âge de soixante ans m'avait laissé fort surpris et rempli d'enthousiasme.

.

À notre retour à Montréal, mon épouse et moi, nous ne savions pas encore comment donner suite à ce que nous venions de vivre. La fantaisie de recommencer l'expérience était présente de manière vague à mon esprit, même si elle me paraissait absurde. Le plaisir de la marche était cependant entré dans nos habitudes et nous étions fiers de la solidité des muscles de nos jambes, si durement acquise. Comme les premières neiges étaient à nos portes, la décision d'acheter des bottes de marche fourrées pour l'hiver s'est imposée comme une évidence, car il nous fallait continuer à nous exercer. Mais, nous exercer pour quoi faire ? Dans l'ignorance, nous avons cru bon de suspendre la réflexion et de simplement continuer nos balades en ville. Surtout que, désormais, les 20 km quotidiens ne nous coûtaient plus aucun effort, même dans la neige.

Ma nostalgie des longs chemins ne faisait qu'augmenter à mesure que je me plongeais dans la collection de photographies que Ilse avait amassée au long du voyage. Je pouvais passer des heures à les contempler et à rêvasser, envahi par ma douce tristesse, comme si ces images représentaient un passé perdu à jamais. C'est dans cet état d'esprit agréablement mélancolique qu'une idée originale a fait surface dans mon esprit. Sur le coup, je ne me suis pas rendu compte que ce projet était simplement une tentative vicariante de reprendre la route, de tout lâcher de nouveau pour me perdre sur les chemins. C'est d'ailleurs ainsi que les idées pour mes romans surgissent souvent, venant apparemment de nulle part, jusqu'à ce que le développement de la narration trahisse leur signification personnelle. Dans ce cas précis, le thème général s'est manifesté comme une situation à la Franz Kafka, où un homme ratait le départ de son train dans un village inconnu et hostile. Je connais bien l'œuvre de Kafka ; dans ma jeunesse, j'ai même publié un essai sur sa vie et ses écrits. Mais si j'éprouve une grande admiration pour ses livres et les fréquente avec plaisir, tout nous sépare sur le plan de la personnalité et de l'orientation existentielle. Par contre, j'avais déjà pensé, à diverses reprises, à comment réagiraient mes personnages s'ils étaient plongés dans un univers écrasant et angoissant comme celui des écrits de Kafka. Que feraient-ils pour ne pas s'abandonner à la situation, s'ils étaient paralysés comme Joseph K., ou comme le géomètre K. aux portes du château ? En d'autres mots, qu'est-ce que je ferais si la vie m'avait placé dans un huis clos kafkaïen ? Il s'agissait, une fois de plus, d'un de mes innombrables exercices imaginaires avec les récits des autres, où je m'amusais à tenter de comprendre ma propre nature à travers des situations que la vie ne m'avait pas offertes pour de vrai. Le thème des impasses desquelles le héros doit s'arracher pour survivre et se déployer est par ailleurs un sujet récurrent dans plusieurs de mes romans, depuis le narrateur du *Pavillon des miroirs* jusqu'au petit Conrado d'*Un sourire blindé*. J'ai aussi abordé ce thème de façon exhaustive dans *L'amour du lointain*. Mais l'idée d'un huis clos ne m'avait pas encore traversé l'esprit. La métaphore de l'espace allait ainsi me donner l'occasion d'envoyer mon personnage — et moi-même en imagination — dans une très longue randonnée pédestre, où il ferait face soit à la mort, soit à la révision radicale de sa vie.

J'ai écrit *La gare* d'une seule traite et avec grand plaisir durant le mois de janvier 2005. C'est en effet le roman de l'arrachement à un espace étroit. Non pas une fuite du village de Vokzal, qui n'est que le symbole d'un lieu de passage, mais une fuite de la vie étouffante menée jusqu'alors par l'ingénieur Adrian Traum. Pour ceux qui connaissent les écrits de Kafka, les clins d'œil à son œuvre sont évidents tout au long du livre ; c'était ma façon de rendre hommage à ce grand écrivain. L'issue, par contre, est entièrement mienne, ouverte sur l'avenir et sur le combat. C'était aussi une sorte de tentative de rendre, par le langage narratif, le sentiment de liberté que j'avais découvert en marchant vers Santiago. Et, comme cela arrive chaque fois avec mes romans, *La gare* a rempli son rôle d'aventure imaginaire pour assouvir mes propres désirs. Je suis très fier de son action circonscrite dans l'espace et dans le temps, construite presque à la manière d'une pièce de théâtre. Cela permet au lecteur de s'identifier plus étroitement au drame du personnage principal et de se poser à son tour les questionnements existentiels relatifs à sa propre situation.

Cette sorte de huis clos qui interpelle le lecteur est l'aspect qui me fascine le plus dans l'œuvre de Franz Kafka.

.

Nous avons continué nos exercices de marche en ville, toujours sans savoir où cela nous mènerait. C'était devenu une habitude ; nous ne pouvions plus nous passer des arrêts dans les bars où nous bouclions nos périples. Ensuite, bien réhydratés, nous prenions le train pour revenir à la maison, où nous attendaient de succulents repas de pâtes pour restaurer nos forces. Les soirées étaient fort agréables, avec la tension dans nos muscles qui nous rappelait les chemins de l'Espagne.

À la fin du printemps, nous sommes allés à Terre-Neuve, en visite chez notre fils Nicolas. Il nous avait déjà vanté à maintes reprises ses promenades dans les contrées aussi sauvages que spectaculaires de son île. Les tableaux de paysages féeriques qu'il croquait lors de ses sorties étaient bien évocateurs du relief là-bas. Au courant de notre nouvelle passion pédestre, et rassuré par le fait que nous avions survécu au Camino Francés, il a eu vite fait de programmer diverses sorties dans les sentiers qu'il aimait le plus. Des endroits de rêve, presque vides de présence humaine, avec une nature d'allure sauvage. Les contrastes saisissants d'une mer parfois déchaînée contre des falaises abruptes, parfois aussi calme et transparente que l'eau d'une piscine. D'énormes rochers aux profondes fêlures, qui se jettent dans la mer pour former de sinistres cavernes exposées aux vagues, et qui ont l'air d'avoir été taillés à la hache par un géant furieux. Et, parfois, des journées d'un brouillard si épais que nous revenions des promenades trempés de la tête aux pieds. Des sentiers fort peu foulés, à peine visibles parmi les lits de mousses épaisses, aux tonalités vert émeraude. Seuls le bruit des vagues, celui du vent ou le croassement des corbeaux semblaient accentuer le silence durant ces longues randonnées.

Sans que je m'en rende compte, l'expérience de marche sur le Camino avait élargi ma sensibilité et me permettrait d'apprécier à leur juste valeur les beautés rustiques qui s'offraient à mes yeux. Les soirs dans son atelier, en fumant et en buvant l'excellent rhum de l'île, Nicolas m'initiait au secret des paysages. C'était comme revivre les moments privilégiés du passé, lorsqu'il était un jeune adolescent et que je l'initiais à la peinture et à la gravure. Ou que Ilse lui dévoilait les premiers mystères de la photographie dans sa chambre noire. Mais, autrefois, il s'agissait surtout du portrait, de la figure humaine ou de l'anatomie artistique. Maintenant, c'était moi l'apprenti, car il était déjà devenu un maître dans l'art du paysage. C'était à mon tour de me laisser ensorceler par ce qu'il avait à me montrer. Des soirées inoubliables... Le lendemain, durant des randonnées assez exigeantes physiquement, il rappelait à mon attention divers détails significatifs du terrain par où nous passions. Cela formait peu à peu ma nouvelle façon de regarder la nature. Une nature vide de présence humaine que pourtant j'arrivais à humaniser par le regard esthétique; ses riches contrastes n'avaient presque pas besoin de l'intervention de l'artiste pour qu'elle apparaisse comme tout à fait expressionniste, ou gorgée d'émotions extrêmes. Rien à voir avec la joliesse impressionniste qui m'a toujours rebuté. Et je commençais enfin à comprendre pourquoi les tableaux de Tom Thomson m'avaient chaque fois laissé un peu jaloux.

De retour à Montréal, à l'aide de photos prises à Terre-Neuve, je me suis attaqué à mes premiers essais de paysages. C'était le début d'une nouvelle passion qui n'allait plus me quitter et qui allait faire une concurrence sérieuse à mes représentations humaines.

.

Durant l'année 2005, Ilse et moi avons élargi passablement le rayon de nos explorations urbaines. Par un souci de variété, nous avons alors visité plus fréquemment des quartiers de la ville dont la laideur nous avait autrefois quelque peu repoussés. L'observation minutieuse de ces endroits et de la faune humaine qui les habite a commencé, peu à peu, à m'inspirer pour la création d'un nouveau roman. Le cadre spatial était là, sans aucun doute, même si je ne savais pas encore comment l'utiliser. Je ne pouvais tout de même pas écrire une histoire typiquement québécoise se déroulant dans l'est de la ville : je ne possède pas suffisamment d'expérience de la vie de ces familles de condition modeste pour créer des trames narratives intéressantes. Le thème d'un sujet tentant de s'arracher à un foyer étroit et étouffant, baignant dans une idéologie passéiste empreinte de ressentiment nationaliste peut certes m'inspirer. Mais c'était le contenu de la trame qui me faisait défaut, et je devais ainsi me résoudre à incarner ce même thème selon la spécificité des personnages qui m'étaient connus. Par ailleurs, depuis longtemps déjà, je rêvais d'écrire un roman mettant en scène un fou. Non pas un malade mental ordinaire, un simple psychotique tel que ceux que j'avais côtoyés durant mes années de travail en psychopathologie. Les études, ma thèse de doctorat et l'expérience clinique m'avaient appris — à l'opposé de ce qu'on véhicule dans les romans — que ces infortunés ne possèdent pas la richesse psychique pouvant donner lieu à des histoires passionnantes. On peut tout au plus parler de leur tragédie depuis l'extérieur, ou depuis l'impact sur ceux qui leur sont proches. Je voulais plutôt créer un de ces fous aussi magnifiques qu'improbables, de ceux que l'on trouve chez un Conrad ou un Gogol, un Dostoïevski ou un Andreïev. Un personnage comme ceux des *Bas-fonds* de Gorki, caractérisé par la démesure mais condamné à un univers irrémédiablement clos. Ce serait presque une reprise de ce que j'avais entrepris avec *La gare*, mais tout à fait absurde cette fois, baroque et fantasque, pour que son arrachement à ses chaînes eût un aspect mythique de réelle transfiguration face à la mort.

L'idée de ce roman m'obsédait durant nos promenades et je m'efforçais d'imaginer les chambres misérables dans les quartiers vétustes de la ville, dans les ruelles de prostitution et dans les hôtels de passe aux alentours du boulevard Saint-Laurent. Le décor se précisait de plus en plus, seule l'histoire se dérobait encore. Alors, apparemment par hasard, je me suis retrouvé en train de lire la biographie du peintre Hieronymus Bosch dans un magnifique album de reproductions qui traînait depuis longtemps dans ma bibliothèque. Est-ce que j'y cherchais une solution pour mon histoire ou revenais-je à ce texte par pure oisiveté ? Voilà une question à laquelle il est difficile de répondre, tant les méandres de l'imagination et du souvenir sont complexes et opaques dans les moments de créativité. De toute créativité, même dans le domaine de la science pure, dans celui des rapports affectifs ou celui d'une simple partie d'échecs. C'est ainsi que le mystère entourant la vie et l'œuvre de Bosch a eu un effet presque magique sur la configuration de ma trame narrative. Du coup, ses bestioles se sont mises à m'apparaître clairement à partir de simples gribouillis jetés nonchalamment sur le papier et mon fou a commencé à se dessiner. La scène en présence d'un chien dans le *Journal d'un fou* de Gogol m'a rappelé des promeneurs de chiens que j'avais vus un jour au parc La Fontaine, et l'image de l'ancienne bibliothèque de Montréal m'est venue à l'esprit dans toute sa vétusté. Oui, j'avais un jour fait une présentation dans ses salles de lecture après avoir parcouru ses rayonnages empoussiérés, et j'avais été impressionné par la présence d'un étrange personnage parmi les auditeurs. Voilà, en peu de temps mon fou prenait forme et commençait à habiter mon esprit. Et puis, un soir, alors que je regardais le générique d'un film étranger à la télévision, il m'est apparu clairement, comme par miracle. Je ne mens pas : l'un des acteurs secondaires du film s'appelait bel et bien Zvatopluk Rikanek. Un Autrichien, un Ruthène ou un Slovaque ? Aucune importance. J'ai aussitôt pris note de ce nom étranger qui sonnait comme une blague ou une provocation, et j'ai commencé à voir Lukas Steiner devant moi, celui qui incarnerait mon fou de Bosch.

Quelques jours après, la narration tout entière se développait automatiquement dans ma tête pendant que je transformais mes gribouillis en bestioles grotesques du monde de Bosch. L'examen détaillé de toutes les peintures de l'artiste m'a encore pris quelques semaines, car je voulais faire durer le plaisir. Le roman en préparation était d'ailleurs un excellent motif pour abandonner momentanément tout ce que je faisais et pour me plonger avec délectation dans ce monde d'images fascinantes et cruelles à la fois. Peu à peu, le mystère de la vie du

peintre Hieronymus Bosch a ainsi migré vers les origines obs-
cures de mon personnage, en ramassant au passage — comme
j'y étais déjà habitué — des éléments d'un roman antérieur, *Les
amants de l'Alfama*. Sans que je m'en rende tout à fait compte
sur le coup, Lukas Steiner pouvait très bien être ce malheureux
Joaquim disparu à Terre-Neuve, dont le vieux Martim raconte
— ou invente? — l'histoire durant la soirée des morts dans
un bar de l'Alfama. Par ailleurs, il me semble certain que le
triptyque de Bosch, que j'avais maintes fois contemplé dans
le Musée des beaux-arts de Lisbonne, a servi de lien entre les
deux personnages et entre les deux romans. Mais j'évite de
m'attarder à ces coïncidences ou à ces liens de parenté en cours
d'écriture, pour ne pas faire se tarir l'inspiration. Seulement
ensuite, à la lecture du premier jet de la narration, ces détails
cocasses me viennent à l'esprit, et ils me font sourire de plaisir devant l'ingénuité pleine de sagesse de l'imagination. Mon
récent voyage à Terre-Neuve aussi avait contribué au roman,
car j'avais alors appris des détails sur le sinistre orphelinat
de Mount Cashel, tenu par des prêtres irlandais plus préoc-
cupés de pédérastie que de solidarité chrétienne. Mais mon
désir pressant de reprendre la marche au long du chemin de
Compostelle a été le facteur déterminant dans la création du
dénouement de l'histoire. J'avais tant envie de repartir en
randonnée, sans trop de bagages, de rompre encore une fois
avec mes habitudes, que je n'ai pas hésité à faire commencer
le périple de Zvatopluk à Vienne, histoire d'allonger son chemin de Compostelle. Et, encore en hommage à Bosch, je lui
ai même fait faire un petit détour par la ville de Bois-le-Duc
('s Hertogenbosch), où Steiner arrive presque à se défaire de
sa haine envers les cyclistes.

Au sujet de cette curieuse aversion envers les cyclistes qui a tant effrayé un critique littéraire, je dois avouer qu'elle vient tout entière du piéton que je suis devenu. En fait, je n'ai rien contre l'usage civilisé de la bicyclette, loin de là. Mais depuis nos premières promenades en ville, j'ai eu l'occasion d'observer le sans-gêne de la gent à deux roues, non seulement envers les automobilistes et envers la signalisation, mais aussi envers les piétons sur les trottoirs. J'ai même failli être renversé à diverses reprises par ces idiots en bicyclette, qui se croient tout permis. Un véritable fléau urbain. Le spectacle disgracieux de ces individus arborant parfois des maillots de cyclisme italiens ou espagnols, quelques-uns obèses et serrés comme des boudins, mais trop veules pour circuler sur la chaussée, constitue une offense à la fois esthétique et morale, contre laquelle le piéton n'a aucune défense. Le marcheur ne peut alors que rêver à de braves gens comme mon Zvatopluk, avec sa soif vengeresse.

L'écriture du *Fou de Bosch* m'a aussi donné l'occasion de relire le carnet de voyage de Ilse et de revenir à ses photos. C'est ainsi que la décision de retourner sur les chemins de Compostelle s'est imposée à nous comme une nécessité incontournable. J'avais été Zvatopluk pendant les semaines de la création de son périple et j'étais devenu trop jaloux de son aventure. Impossible de reculer. Pour secouer l'inertie, il nous fallait un bon prétexte ou une stimulation supplémentaire. Alors, à l'aide du souvenir des *Amants de l'Alfama*, nous avons décidé d'entreprendre plutôt le parcours appelé le « Caminho português » dès le printemps suivant. Voilà, il ne s'agirait pas d'une simple répétition de la randonnée antérieure, et cela nous permettrait de séjourner une fois de plus à Lisbonne, cette ville de rêve qui nous fascine depuis long-temps. Nous avons ainsi repris notre entraînement avec beau-coup d'enthousiasme, car nos marches en ville regagnaient un sens d'aventure.

Le Caminho português est un ensemble de chemins de pèlerinage qui traverse le Portugal du sud au nord, en direc-tion de la Galice et de Santiago de Compostela. Il est très peu fréquenté, mal balisé et, au Portugal, il emprunte souvent, dangereusement, des routes étroites encombrées de camions. Nous ignorions ces détails importants, et c'est tant mieux, sinon cela nous aurait conduits à abandonner le projet. Au contraire, nous rêvions alors des sentiers de campagne très bucoliques, serpentant parmi les jolis villages portugais, que nous connaissions seulement depuis le hublot des avions des-cendant sur Lisbonne ou sur Porto. Le tronçon le plus connu de ce chemin part de la cathédrale de Porto en direction de Valença, à la frontière de l'Espagne ; c'est celui que nous avons choisi après la lecture d'une petite brochure assez peu détail-lée. Nous étions certains de pouvoir nous débrouiller. Après tout, le Portugal est si peuplé que nous ne serions jamais éga-rés ou trop loin d'un village accueillant.

.

Au contraire de notre première aventure, ce deuxième voyage n'a pas été aussi bien préparé. Tout avait été si facile sur le Camino Francés que nous nous attendions à un périple de même qualité. Il suffisait d'acheter des billets d'avion pour un séjour de deux mois là-bas, de remplir nos sacs à dos et de chausser nos souliers de marche. Des amis nous avaient même promis de nous prêter leur maison dans l'Algarve, où nous comptions faire des randonnées d'entraînement. Cette offre est cependant tombée à l'eau à la veille de notre départ. Par conséquent, avec tant de temps disponible pour les seuls 250 km du court Caminho português depuis Porto, il nous fallait trouver d'autres plans pour remplir notre séjour. Plutôt que d'aller au sud, nous nous sommes alors décidés pour São Martinho do Porto, sur la côte entre Lisbonne et Porto. C'est un village adorable que nous avions visité des années auparavant. Ce serait notre base pour rayonner dans toute la région, en attendant de nous sentir prêts pour la marche vers Santiago. Même que ce brusque changement de cap a eu l'effet de nous réjouir, car il ajoutait un autre brin d'inconnu à notre nouvelle aventure.

Nous partons de Montréal sous la neige, le 20 février. À Lisbonne, le lendemain, il fait très beau ; à peine douze degrés, il est vrai, mais c'est déjà le printemps. Nos sacs à dos nous paraissent bien légers et tout a l'air de nous sourire, car nous sommes à Lisbonne. Il est difficile d'expliquer complètement notre amour pour cette ville pleine d'une lumière magique, où nous nous sentons toujours si bien. Il y a la langue, naturellement, qui nous assure partout un accueil chaleureux. Les Portugais sont si habitués aux touristes vaniteux et ignorants de leur langue qu'ils se montrent ravis de nous entendre, surtout d'entendre l'accent délicieux de mon épouse. Mais ce n'est pas tout. Il y a ses ruelles étroites et en pente, les maisons dans ses vieux quartiers, l'agitation constante et pacifique qui y règne, ainsi que la bonne cuisine de ses restaurants populaires et son air continuel de fête sans motif apparent.

Nous passons trois jours à flâner à Lisbonne pour retrouver nos coins préférés, y compris le petit restaurant où nous sommes des habitués depuis des années. Les Portugais appellent cela « tuer les nostalgies » (*matar as saudades*), et c'est ce que nous faisons, en nous gorgeant de tout ce que nous aimons dans cette ville. Ensuite, nous prenons le car pour São Martinho, où nous avons réservé un studio dans une jolie pension, en haut d'une colline surplombant la mer. Nous sommes tout à fait hors saison — pour ces gens, c'est encore en plein hiver ! — et l'endroit est vide de visiteurs. Tout est presque désert, la plage bordant l'anse toute ronde, le village ainsi que les chemins de randonnée et les autres plages éloignées. Voilà, tout cela pour nous, pendant presque un mois de promenades solitaires. Ravissant ! Il y a aussi le restaurant en bas de la colline, qui nous accueille chaque soir pour des soupers exquis, apprêtés par le cuisinier originaire de Goa : cuisine portugaise, naturellement, mais avec des ajouts indiens à la demande (surtout des currys d'agneau, de crevettes ou de poulpe). Nous avons aussi tout ce qu'il faut pour cuisiner dans le studio lorsqu'il pleut trop ou que le restaurant est fermé. Que demander d'autre ?

Notre séjour est rempli de très longues marches le long des dunes et des plages des environs, aussi loin que la ville de Nazaré. Nous étirons même nos promenades par des voyages en car à Fatima (un vrai souk d'articles kitsch pour les natures bigotes), Alcobaça et Peniche. Dans la prison militaire de cette dernière ville, tristement célèbre, nous avons le privilège de visiter une magnifique exposition de dessins, œuvre d'un ancien prisonnier politique qui y a été enfermé durant la dictature de Salazar, le communiste Álvaro Cunhal. Nous sortons de là émus par le spectacle de ces cachots définitivement désaffectés, devenus maintenant un centre d'exposition sur les luttes pour la liberté.

Nos soirées bien arrosées de *bagaço*[1] sont consacrées à la lecture des livres que nous avons achetés à Lisbonne ou au visionnement des parties de foot à la télévision. Quand le temps est venu de partir, il faut nous forcer pour abandonner cet endroit si sympathique. Mais les muscles sont prêts et notre véritable but est le chemin vers Compostelle. Le 17 mars, nous prenons le train pour Porto.

Installés à Porto pour deux jours, nous allons à la cathédrale pour obtenir les *credenciales*, ces documents pour pèlerins qui nous permettront de séjourner dans les gîtes publics au long du chemin. Ensuite, même s'il pleut ce jour-là, Ilse insiste pour faire immédiatement au moins quelques kilomètres de la première étape, jusqu'à la sortie de la ville. C'est un plaisir de retrouver les signes indicateurs du Caminho português dans les rues, surtout qu'ils sont fort rares et peu clairs. Mais nous ne savons pas encore que le chemin est si mauvais et que le balisage est des plus primitifs, sans aucune comparaison avec les sentiers en Espagne. Et que les marcheurs sont dirigés sans aucun égard vers des routes encombrées d'un trafic furieux. La dame de la pension à São Martinho, friande de pèlerinages annuels à Fatima, nous a d'ailleurs offert de nous prêter des réflecteurs à apposer sur nos sacs à dos pour mieux nous protéger des véhicules sur les routes. Mais, croyant que les chemins seraient comme ceux de l'Espagne, nous les avons refusés. Nous allons bientôt comprendre le pourquoi de son offre.

Le lendemain de bonne heure, très enthousiastes, nous entreprenons la marche à la sortie de Porto. Quelques centaines de mètres plus loin, surprise ! La flèche jaune du chemin

---

1. Marc non vieilli, une sorte de grappa portugaise.

indique que nous devons traverser, en courant si possible, une autoroute à quatre voies avec une barrière centrale assez élevée. Et c'est l'heure matinale du grand trafic. Nous hésitons un bon moment avant de nous décider, mais il n'y a pas moyen de contourner l'obstacle. Par terre, quelqu'un a peint la phrase suivante : « *Cuidado, peregrino !* » Il faudra effectivement faire très attention. Courir entre les autos et les camions avec un sac à dos et de gros souliers de marche est une expérience traumatisante, sans doute faite pour bonifier les indulgences plénières pour les braves pèlerins portugais. Ou pour hâter leur rencontre avec leur divinité. Tant pis, nous réussissons l'exploit, même si nos jambes sont flageolantes et nous-mêmes fort blêmes une fois de l'autre côté de l'autoroute. Cela commence mal et cela va empirer dans les kilomètres suivants. En effet, peu de temps après, le chemin continue le long d'une route nationale et traverse une zone industrielle bien laide. Après Vila do Pinheiro, plus de chemin piéton. Il s'agit de longer la RN-306, une route sans accotements et bordée de murs. Les nombreux camions qui passent à toute vitesse pendant que nous nous collons au mur risquent à chaque fois d'arracher nos sacs et de nous envoyer en orbite. Mais pas moyen de reculer ; il nous faut avancer malgré le stress constant et les gaz d'échappement. Une fois arrivés à Vilarinho, quelques kilomètres plus loin, nous nous attablons à un bar pour boire une bière et nous remettre de nos émotions. Nous prenons alors la décision de continuer en car jusqu'à la fin de la première étape, à Vila do Conde. Une fois là-bas, comme il n'y a pas de gîte public, nous trouvons un excellent hôtel ; on nous charge un prix d'ami en cette période vide de touristes. Le soir, après un copieux souper de cabri au four, nous prenons enfin le temps d'étudier le trajet indiqué dans notre guide à l'aide de vraies cartes routières. Nous découvrons alors qu'au Portugal, le pèlerin doit obligatoirement partager la chaussée avec les véhicules, car son parcours longera très souvent les étroites routes nationales. Il nous faut ainsi abandonner sans tarder la partie portugaise du chemin et monter en car vers la frontière espagnole. Sage décision, car les jours suivants, depuis la fenêtre des cars, nous avons l'occasion d'apercevoir ici et là les flèches jaunes indiquant le sentier, toujours le long des routes encombrées. Notre enthousiasme n'est pas pour autant diminué. Ce changement de plan nous permet de visiter calmement les jolies villes de Barcelos, de Póvoa de Varzim et de Viana do Castelo. Ensuite, nous prenons le train jusqu'à Valença, sur la rive sud du Minho, qui fait face à la ville espagnole de Tui. Aujourd'hui, il est presque cocasse de voir ces deux magnifiques villes fortifiées qui semblent se défier encore, dans un temps où même les postes douaniers ont été abolis.

Le matin, nous traversons le pont sur le fleuve Minho sous une pluie battante. Dès les premiers pas en Espagne, nous retrouvons enfin la bonne signalisation et ce souci de protéger les pèlerins que nous avions connus pendant le Camino Francés. Nous sommes soulagés. Au lieu des 250 km prévus, nous allons devoir nous contenter d'une marche de seulement 150 km, mais avec la certitude de nous en sortir vivants.

Si notre expérience de marcheurs au Portugal s'est avérée un échec, nous y avons cependant fait, partout, des rencontres avec des personnes sympathiques. En effet, dans les hôtels l'accueil était chaleureux, les repas étaient excellents et les gens se montraient sincèrement intéressés par notre projet de randonnée. Certes, nous n'avons jamais rencontré quiconque connaissant ce Caminho português décrit dans notre guide, et pour cause. Mais les gens trouvaient tout cela fort courageux. À d'autres moments, c'était la fête. À Viana do Castelo, par exemple, après un souper bien arrosé, nous nous sommes installés au bar du restaurant pour fumer et pour trinquer en imagination avec Nicolas : c'était le jour de son anniversaire. Ayant appris que nous célébrions ce fils vivant sur une île distante et si significative pour tous les Portugais[1], le patron s'est joint à nous pour nous faire goûter des vins de la région et nous offrir des rasades de son meilleur *bagaço*. Nous avons continué ainsi à fêter jusqu'à tard dans la nuit. Au moment de payer, voyant qu'il n'avait pas inclus les boissons dans l'addition et qu'il refusait de le faire, j'ai ajouté un pourboire généreux. Le patron était très ému. Il est alors parti chercher une bouteille en plastique et l'a remplie de *bagaço* pour nous l'offrir en vue du trajet en train du lendemain, vers Valença. Il va sans dire que nous étions titubants en regagnant notre chambre d'hôtel. Ce même accueil se poursuivra d'ailleurs dans les diverses étapes espagnoles du chemin, car le faible nombre de gîtes publics nous encouragera à aller plutôt dans des hôtels ou des pensions.

Depuis Tui, le chemin avance par de jolis sentiers ou par de petites routes désertes, et c'est un vrai plaisir de le suivre. Il pleut beaucoup à cette époque de l'année et plusieurs tronçons des sentiers sont inondés, parfois impraticables. Cela nous oblige à faire de longs détours qui ne nous dérangent aucunement, tant notre envie de nous balader est grande. Porriño, Mos, de jolis villages un peu endormis, où nous nous arrêtons après des parcours solitaires dans des régions très boisées.

---

1. Terre-Neuve a été découverte par un navigateur portugais et elle a de tout temps été le but des morutiers de la péninsule ibérique.

Nous sommes en plein cœur de la Galice, la province la plus humide de toute l'Espagne, avec sa végétation luxuriante et ses gigantesques châtaigniers ancestraux. Et nous avançons sans aucun effort, sans aucun signe de fatigue ou de douleur musculaire.

Quelques kilomètres après Redondela, nous séjournons dans un hôtel au bord de la mer, Casa Anton, sur les Rías Baixas, une région où abondent les crustacés et les coquillages. Depuis notre fenêtre, nous pouvons admirer les pêcheurs dans leurs canots sillonnant les étendues boueuses pendant la marée basse. La nuit, la lumière de leurs lanternes imite les étoiles dans le ciel. Le patron et un garçon du restaurant ont vécu aux États-Unis et connaissent Montréal ; ils sont très fiers de s'entretenir avec nous en français. Leur restaurant est de première classe et il offre une variété fascinante de tapas aux fruits de mer pour accompagner les *orujos* galiciens (le nom change, de *bagaço* à *orujo*, mais c'est toujours la même eau-de-vie délicieuse).

En sortant du village d'Arcade, avec ses ruelles étroites en pente et ses vieilles maisons en granit, nous franchissons un vrai pont du temps des Romains. Le chemin suit alors une ancienne chaussée romaine assez à pic, toute défoncée par les siècles et par le torrent des eaux pluviales. Comme je n'ai pas de bâton de marche, Ilse me tend l'un des siens pour les passages les plus délicats. Nous remontons le courant en essayant tant bien que mal de ne pas glisser, et en nous esclaffant chaque fois que nous plongeons jusqu'aux mollets. Ce n'est pas grave ; malgré les pluies abondantes, il commence à faire sérieusement chaud. Dans les bars par où nous passons, il y a maintenant du cidre local, très désaltérant.

Ensuite, Pontevedra, avec ses vieilles pierres et ses belles arcades. Il pleut beaucoup et c'est un plaisir de nous attabler pour contempler le spectacle de la pluie battant les pavés de la grande place. Le garçon nous fait goûter une autre sorte d'*orujo*, qu'il appelle *tostado*, et qui est une liqueur à base d'herbes particulièrement parfumée. Il nous apprend aussi que cette année-là est l'une des plus sèches depuis plus de trente ans, ce qui nous laisse bien étonnés. Au menu : *pimientos del piquillo rellenos de mariscos*, suivis de *merluza a la gallega*.

Les jours suivants, nous continuons à avancer dans les forêts sous des pluies parfois très fortes. Nos nouvelles capes nous protègent cependant assez bien ; mais nos souliers et le bas de nos pantalons sont trempés. Tôt un matin, en sortant de Caldas de Reis en direction de Padrón, nous nous arrêtons à un bar pour le petit-déjeuner. Pour tenter de nous réchauffer un peu malgré l'humidité qui nous entoure, nous commandons aussi des *orujos* avec notre café. La surprise ! Le patron est très fier de ses eaux-de-vie, distillées sur place, même si cela est illégal. Il nous dit toutefois qu'il est le meilleur fournisseur des agents de la Guardia Civil, ce qui le met à l'abri des pépins. Il est content de nous faire goûter et de nous montrer son énorme alambic en cuivre dans l'arrière-boutique. Décidément, ce pèlerinage-ci se révèle être un véritable tour de gastronomie et de dégustation d'alcools fins, ce qui nous ravit.

Nous arrivons à Padrón, l'avant-dernière étape, passablement mouillés. L'hôtel qui nous accueille est une riche maison ancienne restaurée comme un musée, dont chacune des chambres est décorée de manière fastueuse. Pourtant, la propriétaire facture seulement trente-trois euros et elle nous invite à tout visiter pour choisir la chambre qui nous plaît le plus. Nous laissons nos vêtements mouillés à sécher dans la salle du chauffe-eau et nous allons au restaurant. Une fois de plus, un énorme plaisir après la journée de marche. On nous sert une entrée de sardines sur lit de poivrons avec huile persillée, suivie de riz noir aux *chipirones* pour moi et de magret de canard pour Ilse. Comme je demande un *orujo* au lieu d'un dessert, le patron m'offre plutôt plusieurs autres verres pour de longues dégustations.

Dans une librairie de Padrón, j'achète mon premier roman écrit en galicien, ce dialecte délicieux à mi-chemin entre le portugais et l'espagnol. J'avais déjà remarqué la similitude phonologique entre le galicien et le portugais parlé au Brésil, si distinct de celui parlé au Portugal. Le libraire me confirme cette impression ; il m'apprend que cela est la conséquence de la grande quantité de sujets galiciens qui ont émigré au Brésil depuis les débuts de la colonie. L'expérience de cet entretien, moi parlant en portugais et lui en galicien, est très intéressante, car j'ai la nette impression de parler avec un Brésilien de souche qui aurait vécu trop longtemps en Espagne. J'aurai la même impression dans ma tête en parcourant le roman : celle de lire un livre en portugais, mais écrit avec un accent espagnol. Exquis.

Tard le soir, nous retournons au même restaurant pour d'autres *orujos* (il fait trop humide et un peu froid, cela nous réchauffera) ; le patron paraît agréablement surpris de nous revoir et de pouvoir encore s'entretenir avec nous. Il nous offre alors des *pintxos* (ou tapas, en galicien) pour accompagner nos eaux-de-vie. Un régal !

Le lendemain, il fait beau pour notre dernier jour de marche. Nous parcourons la distance qui nous sépare de Santiago comme dans une simple promenade. Aucune fatigue ni douleur musculaire, et nos sacs semblent ne rien peser. Peut-être que les douleurs ne viennent qu'après quelques semaines de marche. Je n'en sais rien. Je constate seulement que nous sommes en pleine forme, prêts à continuer encore pour longtemps. Nous décidons alors de faire aussi les malheureux 20 km à la fin du Camino Francés que nous n'avons pu compléter deux ans auparavant. Cette étape-là est restée dans mon esprit tout ce temps ; voilà l'occasion de la boucler et de l'oublier une fois pour toutes.

Arriver à Santiago est, pour moi, une expérience toujours émouvante, exaltante avec un fond de mélancolie. Cela signifie la fin de l'aventure, du moins pour quelque temps. Cette fois, cependant, chemin faisant, nous avons eu le loisir d'imaginer plein de projets pour d'autres longues randonnées. Ilse m'a raconté les vendanges qu'elle faisait dans sa jeunesse, et l'idée de parcourir la Suisse à pied dans un avenir rapproché commence à occuper nos rêveries. Maintenant que Santiago de Compostela a été conquis deux fois, nous nous sentons prêts pour d'autres destinations. Après tout, en ce qui touche les indulgences plénières accumulées, je suis si riche que le temps qui me reste à vivre ne sera pas suffisant pour toutes les dépenser, même en péchant comme un vrai possédé du démon.

Deux jours après, nous faisons en toute facilité les 20 km qui nous manquaient du Camino Francés, depuis Santiago jusqu'à Brea. La pension qui nous avait si généreusement accueillis deux ans auparavant, lorsque j'étais estropié, est fermée. Nous aurions bien voulu dire encore merci à ces braves gens, la patronne du O Mesón et son mari. C'est dommage. Nous sommes ainsi prêts à retourner à Porto, où nous attendent encore d'autres repas gastronomiques, avant de reprendre l'avion pour rentrer à Montréal.

Je me sens triste quand le car part de Santiago. Je crois alors que je ne reverrai plus cette belle ville qui m'a rendu si heureux, qui m'a appris cette nouvelle manière d'être au monde.

.

Même trop courte, cette randonnée entre le Portugal et l'Espagne a permis de renforcer mon attitude d'observateur de la nature. Les spectacles qui se déployaient devant mes yeux gagnaient peu à peu des contours plastiques définis ; c'était comme si j'avais, moi aussi, un appareil photographique pour encadrer ce que je voyais. Les futurs tableaux de paysages commençaient ainsi à apparaître spontanément dans mon imagination. Les détails dont Nicolas m'avait parlé à Terre-Neuve, sur la lumière et l'intensité changeante des nuances de couleur, devenaient soudain réalité à un tournant du chemin, dans une clairière ou au crépuscule. En marchant, je faisais plus attention au lent rapprochement des choses distinguées au loin. Les arbres surtout me fascinaient, car ma nouvelle façon de les percevoir me les rendait avec une force inconnue jusqu'alors. Il est sûr que je n'avais jamais observé les arbres avec la même rigueur que celle avec laquelle j'avais étudié les visages ou l'anatomie du corps humain en mouvement. Et cette découverte, si tardive dans ma vie de peintre, agissait sur moi comme une fontaine de jouvence. J'avançais ainsi, fasciné par ce qui se donnait à voir, et je commençais à apprendre une nouvelle dimension de l'espace, laquelle a fort peu à voir avec l'espace mathématique, divisible. C'était la dimension de l'espace vécu, étroitement liée à mon corps avançant dans le chemin, à mes foulées et même au balancement de mes bras. Je connaissais déjà fort bien cette dimension de présence vivante en rapport avec les corps et les visages. C'est elle, cette sorte de sympathie érotique, qui me permettait de composer des images possédant une tension interne de grande expressivité, comme si les corps vibraient pour de vrai à la surface de la toile. Et voilà que je découvrais maintenant ces mêmes vibrations dans le paysage, par la vertu de mon seul regard. Tout en marchant, je commençais à voir des découpes plastiques ici et là, et je m'amusais à les comparer avec les tableaux de Thomson que j'aimais, de Nolde ou même de Kokoschka. Tantôt c'étaient des esquisses vagues, schématiques, à la façon des peintres allemands du groupe Die Brücke, tantôt au contraire elles m'apparaissaient avec un hyperréalisme saisissant. Est-ce qu'une fois dans mon atelier je serais à la hauteur pour les rendre sur la toile ? Un défi de cette nature pour un peintre entré dans la vieillesse est un élixir de bonheur qui secoue n'importe quelle indolence.

Cette fascination de l'espace vécu que peut éprouver le marcheur dans les longues randonnées donne la nette impression d'élargir aussi l'espace intérieur, spirituel. Tout se passe comme si le corps devenait aussi paysage en se fondant dans l'espace environnant, cet espace qui avance lentement vers nous à mesure que nous avançons sur le sentier. L'effet de l'élargissement de la conscience de soi et de son propre corps me semble provoqué par une sorte d'harmonisation entre l'espace et le temps vécus. Quant au temps vécu au long de la randonnée, il paraît avoir des caractéristiques bien singulières, car il s'étire et se contracte en fonction des moments de la marche, des inégalités du terrain ou des spectacles qui s'offrent au regard. Le sujet est ainsi porté à divaguer pendant de longues périodes, lesquelles lui apparaissent comme de courts instants. Le temps devient condensé dans l'esprit même s'il semble s'accélérer dans le réel. Quand on sort de la rêverie à cause d'un détail extérieur qui attire son attention, on se rend compte tout à coup que beaucoup de temps s'est écoulé. Parfois, même l'espace a été parcouru sans qu'on s'en aperçoive, et on est déjà très loin. Il ne s'agit plus du temps historique ou chronologique, celui des calendriers ou des horloges, mais d'un temps archaïque, relié à la vie passée du marcheur et à ses projets, au mythe personnel tel qu'il le tisse dans sa plus profonde intimité. À diverses reprises durant la marche, j'avais l'impression d'habiter non seulement mon propre espace — un espace devenu plus vaste, comme je l'ai dit tantôt —, mais aussi un temps qui m'était propre, plus intime. La seule situation qui s'apparente à celle-ci est celle qui se déroule pendant mes périodes de rêverie solitaire, le regard vague sur un horizon postulé, quand je perds mes contours en fumant longuement ma pipe. De vastes pans de mon existence, des faits très anciens peuvent alors défiler dans mon imagination avec une clarté surprenante. Je crois même pouvoir dire que l'espace et le temps d'un marcheur absorbé par la marche peuvent se comparer à l'espace et au temps d'un danseur. Le danseur ne semble aller nulle part et son temps semble avoir perdu de l'importance, mais son esprit part en balade pendant que son corps continue à se mouvoir au rythme de la musique.

Cette dernière image me plaît beaucoup. Souvent, j'avais l'impression que Ilse et moi, nous ne faisions que danser en avançant sur les sentiers. Main dans la main ou en nous suivant l'un l'autre, nous étions comme un couple de danseurs évoluant de plus en plus élégamment sur les mêmes morceaux de musique. La fraternité qui s'était déjà intensifiée entre nous sur le Camino Francés s'était encore renforcée, et les deux danseurs semblaient plus expérimentés et intimes, malgré leurs mondes intérieurs si distincts.

Quatre

Début de l'été 2006. Nous venons à peine de rentrer de Porto, après avoir parcouru le Caminho Portugués, que nous nous informons déjà sur d'autres trajets pédestres de longue distance. La documentation et les images que nous obtenons par Internet contribuent à aiguiser notre envie de reprendre la route, n'importe quelle route. L'attente jusqu'à l'année suivante nous paraît très longue.

Une situation tout à fait imprévisible se présente alors à nous. Notre fils André et son épouse doivent participer à un congrès médical à Barcelone, à la fin du mois d'août. Ils nous invitent à voyager en leur compagnie pour rester avec leurs filles pendant qu'ils feront leurs présentations. Une offre difficile à refuser. D'abord, nous serons en leur compagnie et nous connaîtrons Barcelone. Mais, surtout, nous serons en Espagne, à peine à quelques heures de train de Saint-Jean-Pied-de-Port. Rien ne nous empêchera alors de prolonger notre séjour pour faire d'autres randonnées. Or, si notre envie de marcher est si intense, pourquoi ne pas refaire le Camino Francés ? C'est presque absurde, nous le savons bien. Mais l'occasion est trop bonne. En fait, c'est le billet d'avion qui est le plus cher lors de ces longs voyages. Et au lieu de retourner à Montréal

Sergio Kokis, *Sentier 4*, huile sur masonite, 51 cm × 61 cm, 2014.

depuis Barcelone, il est si facile d'y retourner depuis Porto ou Lisbonne... Comme nous connaissons déjà le parcours, ce sera une simple promenade cette fois. Et il fera chaud à Barcelone ; nous pourrions nous contenter des vêtements légers transportés dans nos sacs à dos.

C'est ce que nous faisons. À la fin de notre séjour, Ilse et moi, nous nous sentons un peu délinquants en disant adieu à André et à sa famille à l'aéroport, pour continuer seuls notre nouvelle aventure.

Nous partons de la gare de Barcelone à midi, le 12 septembre. Le voyage jusqu'à San Sebastian doit durer environ six heures. Mais il a beaucoup plu les jours précédents et plusieurs tronçons de la voie ferrée longeant les Pyrénées ont été endommagés. Le convoi est ainsi obligé de faire des détours et des retours en arrière, à la recherche de voies intactes. Un trajet interminable. Nous arrivons à une heure du matin à San Sebastian. Tant pis, notre enthousiasme est malgré tout à son comble. Ankylosés, nous sommes contents de marcher après tant d'heures assis dans le wagon. Nous partons donc d'un pas leste dans la ville endormie. La nuit est très belle et nous avons tous les deux la sensation d'entreprendre un périple onirique dans ces rues vides, à la recherche d'un hôtel.

En nous approchant de la mer, nous trouvons enfin un garçon de café qui range les chaises de sa terrasse avant de fermer. Il nous indique la direction des hôtels plus modestes que ceux qui bordent l'océan. Un peu plus tard, nous sonnons à la porte du Hostal Bahia ; le gardien de nuit nous accueille un peu surpris de notre arrivée tardive et de notre allure de randonneurs. Il y a une chambre libre, heureusement, mais pas moyen de nous servir à manger. Nous nous contentons de nous coucher et de siroter, en guise de souper, le bon *anis seco* que nous avons apporté de Barcelone.

Le lendemain, promenade dans la jolie San Sebastian, jalonnée de villas et de palais où les richards et les aristocrates de l'Europe se donnaient autrefois rendez-vous. Ensuite, tournée de tapas dans les nombreux bars et restaurants du vieux quartier. Partout, les chefs semblent se donner la consigne de se dépasser dans la quantité et la variété des tapas qu'ils offrent, comme s'il s'agissait d'un véritable concours culinaire. C'est un délice pour les yeux autant que pour le palais.

Le 15 septembre, nous prenons le train pour traverser la frontière, puis le tortillard, qui nous conduit depuis Bayonne jusqu'à Saint-Jean-Pied-de-Port. Nous sommes ravis de refaire ce trajet le matin cette fois et d'arriver à Saint-Jean en nous sentant des pèlerins expérimentés. À l'Accueil, on m'apprend que je suis le plus vieux marcheur enregistré cette année, ce qui me laisse avec un sentiment de fierté bien juvénile. Il y a de la place au gîte de la ville et nous n'avons pas besoin de chercher un hôtel.

Une forte pluie commence à tomber dès notre arrivée. Les gens de l'Accueil nous avertissent qu'il pleut beaucoup sur toute la montée des Pyrénées, avec la présence d'épais brouillards. Ils nous conseillent donc d'éviter le passage des cols et d'entreprendre plutôt la première étape jusqu'à Roncevaux par la route nationale. Cela nous paraît cependant impossible. Cette étape par le chemin des montagnes est la plus belle de tout le Camino Francés ; elle est restée gravée dans notre souvenir. Nous décidons de la refaire malgré leur mise en garde. Et pour nous rassurer, nous téléphonons au gîte d'Orisson et nous y réservons deux lits. Cela nous permettra de diviser en deux jours la longue étape de 28 km, et même de rebrousser chemin si la poursuite par les montagnes s'avère trop périlleuse.

Tôt le lendemain, nous sommes fin prêts à commencer la marche. Cette fois, nous ne ressentons pas de l'appréhension comme lors du premier voyage, mais seulement une sorte d'excitation bienfaisante. Durant la première partie du chemin, il tombe une pluie fine ; cela ne nous dérange pas, car nous avons des capes très confortables et étanches. Et l'ascension nous paraît bien plus facile. Le spectacle des vallées plongées dans le brouillard et du monde gris alentour contraste avec nos souvenirs du ciel bleu et du soleil cognant fort d'il y a deux ans. C'est comme si les Pyrénées voulaient nous offrir d'autres panoramas pour varier notre expérience.

Notre idée de couper l'étape à Orisson s'avère providentielle, car la pluie augmente d'intensité à mesure que nous avançons à travers les pans de brouillard. Une fois arrivés au gîte, il pleut beaucoup et la visibilité est fort compromise. Il continuera d'ailleurs à pleuvoir ainsi tout au long de l'après-midi et de la soirée. Mais le gîte est neuf et confortable, et on y sert aussi à souper aux marcheurs. Nous sommes une vingtaine ce soir-là autour de la grande table ; l'ambiance est sympathique pour partager la soupe, les gigots d'agneau et le vin à volonté. Après le café et l'eau-de-vie, quand je sors pour fumer, l'agréable surprise ! La pluie a cessé et les étoiles commencent à apparaître ici et là dans le ciel. Le silence de la nuit est traversé par un chuintement étrange, assez fort et venant de partout. Il s'agit du bruit de l'eau, dont le sol est imbibé, qui s'écoule sous la terre en dévalant les flancs de montagnes. Entendre ces milliers de ruissellements souterrains sous nos pas est magique. Nous allons nous coucher pleins d'espoir pour le lendemain.

Il fait beau le matin suivant, avec une fraîcheur à peine chargée d'humidité. Nous repartons après le petit-déjeuner, avant même le lever du jour. La journée continue ainsi sous un ciel clair ; bientôt le soleil se met de la partie pour assécher l'air davantage. La marche vers le sommet nous semble cette fois une simple promenade, sans rien des souffrances du voyage précédent, lorsque nous avions attaqué les 28 km de l'étape d'une seule traite. Nous avons maintenant tout le temps nécessaire pour faire de longues pauses en chemin et pour nous délecter du paysage. Surtout, nous pouvons apprécier la longue et magnifique descente sur Roncevaux, que nous avons entreprise autrefois dans la noirceur et complètement fourbus.

Nous arrivons vers quinze heures, en pleine forme, à la Collégiale de Roncevaux. Avant l'ouverture du gîte, nous avons le temps de visiter l'endroit, et même de nous réhydrater avec une bonne bière en regardant le coucher du soleil. Cette fois, nous obtenons une place au restaurant et nous avons ainsi l'occasion de regretter les sandwiches et le vin de notre premier passage. En effet, le repas qu'on nous sert est sans doute le plus médiocre de tous ceux qu'on nous a offerts dans les restaurants au long du Camino Francés. Le restaurateur à Roncevaux se fiche de la qualité de ce qu'il offre ; il sait que les nombreux pèlerins sont fatigués et captifs de la Collégiale, car le prochain village est assez loin de là. Tant pis, nous avons faim et les *orujos* au bar après le repas compensent largement la fadeur du souper. En matière d'arnaque, seul l'unique restaurant de la ville d'Estella peut rivaliser en médiocrité avec celui de Roncevaux. Partout ailleurs, le marcheur peut compter sur d'excellents repas.

Dans l'immense dortoir avec ses centaines de lits superposés, Ilse et moi nous souvenons de l'impression d'étrangeté et de notre immense fatigue d'autrefois. Maintenant, nous nous sentons déjà comme des habitués de la place. Le plaisir de retrouver des lieux connus, que nous croyions perdus à jamais, va nous suivre durant ce deuxième voyage. Pourtant, ce plaisir-là ne s'accompagnera pas de la même magie fascinante que nous avons éprouvée la première fois. L'innocence de la découverte, elle, est perdue à jamais. Même nos corps aguerris, surmontant les kilomètres avec une facilité étonnante, contribuent à transformer ces chemins mythiques en une simple longue randonnée.

Le beau temps persiste les jours et les semaines qui suivent. Comme les segments à parcourir nous semblent plus courts, nous arrivons de bonne heure aux étapes, souvent bien avant le gros des autres marcheurs. Nous pouvons ainsi visiter à notre aise les endroits où nous nous étions contentés d'un regard rapide et souvent nocturne en 2004. Mais outre l'absence du charme de la découverte, nous sommes obligés de constater que le Camino Francés s'est passablement détérioré. Deux années seulement se sont écoulées depuis notre passage et l'afflux des marcheurs semble s'être accru de manière exponentielle, au point qu'il est désormais difficile de s'y trouver seul. Par moments, le pèlerinage a des allures de procession, avec des groupes entiers de marcheurs parfois très bavards se succédant sur les sentiers. Les gîtes aussi sont surpeuplés et bruyants ; il n'est pas rare qu'on se fasse réveiller en pleine nuit par des pèlerins trop pressés, qui partent à l'aube pour être certains d'avoir une place au gîte de l'étape suivante. Des *hostales* et des pensions ont poussé comme des champignons sur la route pour profiter de cette masse de voyageurs-sac à dos. Dans les étapes, nous trouvons souvent des cars de touristes venus pour ressentir le frisson du pèlerinage sans les inconforts de la marche. Les restaurants sont ainsi bondés de clients nerveux et parfois agressifs face à la lenteur du service. J'ai même eu l'occasion de me fâcher sérieusement avec des marcheurs français qui se plaignaient de mes ronflements. Les envoyer se faire foutre et voir leurs expressions apeurées de surprise a sans doute été fort agréable ; mais cela détonnait par rapport à l'expérience zen que je cherchais à retrouver.

Malgré tout, notre plaisir de la marche pour la marche paraît plus grand à mesure que nous franchissons des distances plus longues. Sans la présence de la fatigue, nos sens s'ouvrent davantage au spectacle des paysages et au plaisir de la rêverie. Par ailleurs, nous ne nous sentons plus dans l'obligation de suivre méticuleusement les diverses étapes signalées dans le guide. Il ne nous paraît plus aussi important de faire la totalité du chemin : nous l'avions déjà conquis dans le passé et son charme semble définitivement amoindri. Nous devenons ainsi davantage des pérégrins que des pèlerins, des vagabonds qui s'amusent à varier les trajets ou à rester plus d'une seule journée dans une ville. Le but n'est plus d'arriver, mais uniquement de nous promener. Ce sentiment nouveau de liberté devant les chemins va en grandissant au fur et à mesure que nous avançons. Le premier Camino Francés a servi à nous faire découvrir les plaisirs de la marche ; la discipline des étapes nous a appris à endurer les difficultés et à continuer à marcher malgré tout. Maintenant, nous sommes prêts pour d'autres découvertes et des aventures plus exigeantes. Sans en être tout à fait conscients, nous continuons à suivre chaque jour le chemin, étape par étape, puisque nous sommes là. Des marcheurs rencontrés au passage nous parlent du mythique Camino del Norte ou Camino Primitivo, celui qui longe la côte atlantique de l'Espagne depuis Irun. Deux années auparavant, une jeune violoniste estonienne nous avait vanté les beautés sauvages de ce chemin-là, qu'elle qualifiait de trop difficile et solitaire. D'ailleurs, elle l'avait abandonné pour retrouver le Camino Francés justement parce qu'elle s'y sentait trop seule. Mais nous pensions alors que ce n'était pas un chemin pour des vieux comme nous, qu'il fallait nous contenter de notre bon chemin pépère, de plus en plus encombré de marcheurs excités.

Comme lors de notre premier voyage, nous avons l'occasion de faire des rencontres intéressantes. À Larrasoaña, par exemple, le patron du bistrot nous raconte, très content, qu'il prendra bientôt sa retraite et qu'il se promet de faire, lui aussi, le pèlerinage de Compostelle. Depuis plus de trente ans, il ressent de la jalousie en voyant les pèlerins passer ou en écoutant leurs commentaires dans son bar. Son tour va enfin venir de jouer au vagabond jour après jour, et de se faire servir en chemin !

Le gîte de Navarrete est tenu, cette année-là, par un couple originaire de la Bretagne. Des gens très sympathiques et accueillants. En soirée, comme s'il s'agissait de la chose la plus naturelle au monde, le Breton se met à faire des crêpes pour régaler tous les marcheurs de son gîte. Les crêpes sont délicieuses, mais le plaisir et la bonhomie qui se dégagent de cet homme, pendant qu'il les cuit et voit les gens les déguster, sont presque émouvants.

Une autre fois, en arrivant à Los Arcos par la *calle mayor*, au début de l'après-midi, nous faisons la rencontre d'un vigneron qui rentre le raisin pour le faire presser. Devant notre curiosité et notre apparence de randonneurs, il entame spontanément la conversation avec nous et nous invite ensuite à visiter sa cave. C'est un endroit magnifique, visiblement très ancien, avec un plafond à ogives. Trônant au milieu d'énormes tonneaux, la vieille presse à bras d'où coule le moût est impressionnante, comme sortie d'un temps oublié. Après ses explications sur son métier, l'homme nous invite à monter chez lui pour goûter le vin de l'année précédente, histoire de compléter notre initiation. Et nous voilà, Ilse et moi, entourés de ses amis, à boire les verres qu'il nous offre et à bavarder de nos aventures sur le chemin. Le chemin qui passe justement devant sa cave, par l'étroite ruelle principale de Los Arcos, parcourue année après année par des milliers de pèlerins. Sans aucun doute, son hospitalité vient aussi du fait que nous sommes des étrangers capables d'admiration devant les choses simples, et que nous pouvons nous adresser à lui dans sa propre langue.

Un incident curieux nous encourage à abandonner le projet de marcher jusqu'à Santiago, pour aller plutôt vagabonder en des endroits que nous ne connaissons pas encore. À Burgos, Ilse commence à développer une petite réaction allergique sur les bras, vraisemblablement causée par des piqûres d'insectes. Il ne s'agit en fait de rien de grave. Mais c'est fort désagréable, car à plusieurs reprises déjà nous avons entendu des histoires de pèlerins incommodés par des punaises de lit dans les gîtes, les fameux *chinches* du chemin de Compostelle. Nous ne savons pas s'il s'agit vraiment des *chinches* chez elle. Les marcheurs piqués par des punaises sont littéralement couverts de piqûres sur tout le corps, ce qui n'est pas son cas. Mais la simple idée que ses démangeaisons peuvent venir de punaises la laisse franchement dégoûtée. Comme sa condition n'empire pas, nous poursuivons la marche jusqu'à Castrojeriz, même si notre plaisir est définitivement compromis. L'hôte de Castrojeriz, un Brésilien très gentil — il parle aussi plusieurs langues, dont le hongrois —, nous confirme qu'en cette année les punaises de lit constituent un véritable fléau dans tous les gîtes au long du chemin. Les autorités sanitaires des provinces concernées se sont mobilisées tardivement, quand le mal était déjà fait. On ne voulait pas ébruiter la nouvelle pour éviter la débandade des touristes et la panique des pèlerins. Elles ont beau tenter l'extermination dans quelques endroits, l'infestation gagne déjà même les hôtels et les pensions un peu partout. C'est la raison qui nous manquait pour abandonner notre deuxième pèlerinage. En plus des *chinches*, il commence à pleuvoir abondamment.

Après avoir lavé tous nos vêtements à l'eau chaude, nous gagnons Carrión de los Condes, d'où nous prenons un car pour León. Le projet de continuer notre aventure sans objectif précis nous plaît beaucoup, car il ajoute une nouvelle pincée de liberté à notre vagabondage. Maintenant, nous ne suivrons plus un chemin tracé d'avance ; à chaque nouveau jour se pose la question de savoir ce que nous allons faire le lendemain. Cela élargira significativement notre expérience de marcheurs.

Une fois à León, le médecin du dispensaire public prescrit à Ilse deux piqûres de cortisone, qui mettent fin à ses allergies. Selon lui, sa condition a été causée par le contact avec des arachnides. Est-ce un euphémisme pour éviter d'évoquer les terribles *chinches* qui sévissent alors ? Nous ne le saurons jamais. Curieusement, malgré le fait que nous sommes toujours ensemble, je ne présente aucun signe de piqûre d'insecte.

Des jours plus tard, nous arrivons à Madrid en car et nous nous installons dans une pension sur la *calle* Carretas, à côté de la Plaza del Sol. C'est un endroit modeste, rempli d'une faune parfois assez bigarrée. Même qu'un jour, nous sommes réveillés par une descente de police. *No pasa nada*, nous rassure le fils du patron, un garçon au visage typiquement mongoloïde; le tumulte a simplement [!] été causé par un client qui a tenté d'étrangler sa femme pendant la nuit.

Par notre fenêtre du troisième étage nous parvient le bruit constant de la foule des passants, souvent fort joyeux — avec des cris, des chants et des éclats de rire —, jusqu'aux petites heures du matin. Nous n'avons jamais été dans une ville aussi pleine de vie; c'est comme si les habitants fêtaient continuellement quelque chose.

Nos jours à Madrid sont consacrés à nous gorger de son agitation et à fréquenter ses délicieux bistrots. Aussi, carencés depuis longtemps par la pauvreté des musées montréalais, nous passons des journées entières au Prado et au musée de la Fondation Thyssen pour admirer les merveilles qu'ils recèlent. Surtout, les œuvres de Goya que j'aime tant, celles de sa dernière phase, aux tonalités sombres et aux thèmes sinistres. Mais aussi son gigantesque portrait de la famille royale, où tous les membres ont un air repoussant d'abrutis. Ce tableau m'est très cher, mais je ne le connaissais que par des reproductions; il m'a inspiré pour la représentation des aristocrates dans le deuxième panneau de ma danse macabre, plus de dix ans auparavant.

À Toledo, nous allons dans la superbe cathédrale — un véritable musée, par ailleurs — pour nous recueillir devant les nombreux Greco. Voilà, Goya et Greco, un réel baume spirituel pour me rappeler à la vie après les journées de méditation pendant la marche. Nous gagnons ensuite Séville, où nous continuons nos longues promenades sous des pluies torrentielles. Les gens de la place nous disent qu'il n'a jamais plu autant, ni fait aussi froid au sud de l'Espagne. Pourtant, les orangers autour de la place de la cathédrale et de l'Alcazar Real sont chargés de fruits odorants. Il est amusant de voir Séville sous des teintes aussi grises. Nous nous promettons d'y revenir un jour — et de marcher ensuite sur la Vía de la Plata? — pour la connaître sous ses véritables couleurs.

Quelques jours plus tard, nous voilà dans la jolie ville portugaise de Faro. Malgré les contretemps de notre passage au printemps dernier, nous sommes arrivés en Algarve après un long périple commencé à Barcelone. Un délicieux vagabondage, dont nous ne pourrions plus nous passer à l'avenir. Voyager ainsi allégés, même en dehors des sentiers de randonnée, nous permet de vivre des aventures excitantes.

Une fois à Lisbonne pour attendre notre vol de retour, il fait très beau. Nos amis du petit restaurant de la rue Correeiros sont fort surpris de nous voir réapparaître ainsi en novembre, amaigris et bronzés, pour leur raconter nos deux pèlerinages.

.

De retour à Montréal, je me suis surtout consacré à la peinture de paysages. Les nombreux souvenirs visuels amassés au long de nos voyages me hantaient et exigeaient de voir le jour sous la forme de tableaux. Les centaines de photos prises par Ilse étaient aussi là pour me stimuler dans la poursuite de cette nouvelle passion. J'avais un grand plaisir à esquisser plusieurs scènes à la fois, de mémoire ou en me guidant par les photos, et à ensuite les attaquer comme des pochades successives pour voir enfin apparaître les formes qui me satisfaisaient. Cela avait quelque chose de semblable aux images des photographies apparaissant lentement dans le bac de révélateur. Pour la première fois, je peignais en petits formats, ce qui me permettait d'avancer à grande vitesse et de travailler sur plusieurs tableaux simultanément, sans attendre le processus de séchage. Mes coups de pinceau gagnaient ainsi en liberté et je commençais à obtenir une impression de mouvement dans les paysages. J'étais encore loin de la maîtrise avec laquelle j'aborde les figures et l'anatomie humaines, mais c'était encourageant. Par ailleurs, en peignant des paysages, je réussissais d'une certaine manière à revivre les expériences vécues en marchant. Les scènes vides de présence humaine n'exigeaient pas trop de concentration active de ma part, ce qui avait pour effet de libérer la rêverie pendant l'exécution des tableaux. Et des histoires étrangères à la scène en cours commençaient, pour la première fois de ma vie, à peupler mon esprit pendant le travail dans l'atelier. C'était un début d'harmonie entre les récits et les images, dont seuls les paysages se montraient capables.

Depuis longtemps déjà, je jouais avec l'idée de créer un roman sur l'expérience de la vieillesse. Mais j'hésitais encore sur la façon d'aborder le thème. Ma manière d'envisager le vieillissement diffère beaucoup des stéréotypes sociaux, tant ceux, positifs, d'une vie bien remplie de conquêtes bourgeoises ou d'une famille heureuse, que ceux, négatifs, reliés à la sénilité, au déclin corporel, à l'amertume mélancolique ou à la peur de la mort. En fait, curieusement, si je ressens l'effet de l'âge sur mon corps, et ce, encore plus clairement depuis le début de nos marches, je garde malgré tout l'esprit adolescent que j'avais autrefois. Non seulement je le garde, mais je le chéris, et je m'efforce autant que possible de ne pas m'embourgeoiser, de cultiver ma marginalité d'artiste solitaire. Peut-être suis-je devenu avec les ans un peu moins casse-cou et un peu plus tolérant face à la bêtise de mes semblables. Sans doute aussi moins exalté quant à la possibilité de voir le monde changer selon mes idéaux. Et un tantinet pessimiste concernant la survie de beaucoup de valeurs spirituelles ou culturelles qui me sont chères. Mais tout cela ne me change pas radicalement dans la poursuite de mes buts personnels. Ma sérénité actuelle semble venir en grande partie de la conscience d'avoir bien travaillé selon les directives que je me suis données depuis ma jeunesse. Le poids de l'œuvre plastique et littéraire accomplie est aussi là pour me rappeler les étapes de ce long effort, ou pour rassurer un peu mon identité toujours sur la corde raide. Le vieux funambule semble plus élégant ou paisible là-haut car il sait qu'il peut, s'il le faut, tomber dans le filet de sécurité de ses réalisations passées. Ainsi, il ne se sentira pas un raté absolu.

L'expérience du vieillissement, telle que je souhaitais l'aborder, avait quelque chose à voir avec le sentiment de détachement de la vie que j'avais commencé à éprouver en allant allégé sur les chemins. En effet, ces essais d'abandon de la vie normale, pour tenter de m'approcher de mon ipséité, me rappelaient souvent le thème de la mort. Mais d'une mort paisible, d'une mort renonciatrice ou même libératrice face aux contraintes de l'œuvre accomplie et du désir de la continuer. Durant la marche de longue distance, je me sentais en quelque sorte rempli de moi-même, satisfait ou en paix, sans plus éprouver le besoin de me prouver quoi que ce soit. Et c'est ce sentiment-là que le vieillissement commençait à produire dans ma vie de tous les jours, même en dehors des randonnées. Cela s'accompagnait d'une vision un peu cynique — au sens originel du terme — de ma propre existence, comme si ma vie elle-même et tout ce qui l'entourait commençaient à perdre de l'importance au profit de mes périodes de rêverie, de solitude et de silence.

Voilà, c'est ce détachement progressif du vieillard que je voulais surtout aborder, ce début d'indifférence face au monde qui continuera à tourner en son absence. Indifférence aussi envers ses propres œuvres. L'artiste vieillissant, en particulier, sait que le temps qui lui reste à vivre est trop précieux pour qu'il le perde en s'occupant de sa postérité. L'idée même d'une postérité comporte un aspect absurde pour celui qui croit que la mort est la fin de la vie. Tout au plus, le vieillard peut partir avec le sentiment du devoir accompli ou avec la fierté d'avoir bien rempli son existence. Comme l'affirme si justement un personnage de Malraux dans *L'espoir*, le sens d'une vie bien vécue vient du sentiment d'avoir pu transformer un maximum d'expériences en conscience. C'est cette sérénité, souvent un peu amusée face à la vanité de la vie, que l'on peut percevoir dans le regard vague de certains vieillards lorsqu'ils sourient de manière condescendante.

En même temps, je voulais aussi rendre l'absurdité de la mort à travers un récit — cette mort dont le poète Vallejo dit qu'elle nous blesse dans ce qui nous importe le plus. La mort en ce qu'elle a de fracture radicale de tout projet personnel ; comment elle surprend parfois le sujet plongé dans de nouveaux défis, pour tout anéantir. Le faucheur, mentionné pour la première fois dans le livre de Job.

Il me fallait donc à la fois l'histoire d'un vieillard serein, de plus en plus détaché des vanités de l'existence, et une sorte d'eau de jouvence tardive pour marquer la cassure finale. Le thème de l'exilé ayant des comptes en souffrance dans son passé m'était familier; je l'avais déjà traité dans *Le pavillon des miroirs* et dans *Errances*. Mais au moment de l'écriture de ces deux livres, l'idée de la mort personnelle n'occupait pas encore mon esprit, elle n'était qu'un symbole ou une stimulation lointaine pour mettre en valeur la poursuite de mes aventures. Pour ce nouveau roman, je souhaitais me servir du passé comme d'un gouffre mélancolique où guette la mort réelle, ce passé qu'on ne devrait jamais tenter de repasser si l'on souhaite le dépasser, continuer à vivre dans l'avenir. Et mon personnage allait cette fois y laisser sa peau, tout comme un jour j'y laisserais la mienne, plongé dans mes souvenirs.

L'écriture du *Retour de Lorenzo Sánchez* a duré un peu plus longtemps que celle de mes autres romans. L'idée de sa fin abrupte m'incommodait. Elle laissait en suspens non pas des projets matériels mais des injustices bien humaines, que le personnage principal aurait pu redresser s'il avait survécu ne fut-ce qu'une semaine de plus. Pourtant, cette fin abrupte justifiait la totalité de mon roman. Et je suis content de ne pas avoir cédé à mes penchants de tendresse pour adoucir la conclusion. L'impact de ce livre sur les lecteurs, qui visait à leur faire vivre l'absurdité de la mort, me semble réussi. Plusieurs m'ont d'ailleurs reproché ma cruauté d'artiste, car ils avaient espéré un happy end jusqu'à la dernière page. Hélas ! il n'y a jamais de fin heureuse dans la vie réelle. Et l'ensemble des tâches que la mort nous oblige à abandonner est peut-être l'aspect le plus pénible de notre finitude.

Le retour de Lorenzo Sánchez m'a aussi permis, plus encore que *L'art du maquillage*, de dénoncer l'état d'abrutissement dans lequel sont plongés actuellement les arts plastiques et leur enseignement. En tant que peintre et intellectuel, je ne me sens aucunement solidaire des enfantillages et des brico-lages ridicules qu'on présente dans les musées en guise d'art contemporain. Comme mon personnage, je suis dégoûté de ce qui se passe sur la scène des arts plastiques au point de ne plus vouloir exposer mes œuvres depuis déjà plusieurs années. Et comme lui, je rêve aussi d'un incendie providentiel qui ferait disparaître une fois pour toutes l'ensemble de mes tableaux, dessins et gravures. En effet, déjà avancé en âge, je commence sérieusement à me préoccuper de l'immense fatras que je laisserai dans mes entrepôts, cadeau empoisonné dont mes enfants et mes petits-enfants ne sauront que faire après ma mort. Voilà encore une fois le vieux thème des comptes en souffrance qui est au centre même du roman. Un thème qui hante par ailleurs la conscience de beaucoup d'exilés, tant sous la forme de remords que sous celle de regrets.

.

Mais revenons aux vagabondages. Après avoir étudié divers chemins de randonnée en Suisse, nous avons opté pour celui qu'on appelle le Trans Swiss Trail 1, c'est-à-dire la partie suisse du chemin européen de longue randonnée E-1. Il part de la ville de Porrentruy, au nord, traverse le pays vers le sud et franchit les Alpes par le col du Saint-Gothard, pour aboutir à

Chiasso, à la frontière italienne. Un chemin d'environ 500 km qui nous paraissait déjà spectaculaire sur la carte, et qui allait dépasser toutes nos attentes. Rassurés par nos exploits en Espagne, c'était l'occasion de tester notre endurance dans un pays montagneux.

J'étais tellement excité à l'idée de voir de près des montagnes aux neiges éternelles que l'abandon de mon roman en cours d'écriture ne m'a pas trop dérangé. Pourtant, c'était la première fois que je n'écrivais pas l'un de mes livres d'un seul trait. Je me disais aussi qu'au cours du voyage je déciderais si j'allais liquider le brave Lorenzo avant ou après son règlement de comptes avec son passé.

Nous sommes partis pour Zurich à la fin août 2007. À la gare de l'aéroport, nous achetons des abonnements demi-tarif pour tous les transports interurbains de la Suisse. L'excellent réseau de trains, de cars postaux et de bateaux nous permettrait des déplacements fréquents entre les étapes de la randonnée et la ville de Neuchâtel, où réside la parenté de Ilse.

Les premiers jours en Suisse sont naturellement consacrés à des retrouvailles aussi joyeuses qu'arrosées. D'ailleurs, sachant ma passion pour les eaux-de-vie, la famille a prévu à mon intention toute une collection de bouteilles de prune, de poire, de pomme, de kirsch, de mirabelle, de framboise et de génépi. Des alcools merveilleux, savoureux et odorants, malheureusement inexistants ou inabordables au Canada. Il va sans dire que je me fais un devoir de tout goûter rigoureusement, et je continuerai ces exercices de dégustation au long de nos randonnées.

Avant d'entreprendre le Trans Swiss Trail, Ilse croit bon de tester mon courage face aux précipices par une randonnée d'un jour dans les gorges de la rivière Areuse. Elle sait que je souffre d'une curieuse sorte de vertige dans les hauteurs, ce qui pourrait s'avérer dangereux lorsque nous serions dans certains sentiers escarpés. En fait, à la suite d'un accident d'escalade durant ma jeunesse au Brésil, dès que je me sens très haut quelque part, sans la protection d'une barrière solide, je dois lutter contre une envie obsédante de me lancer dans le vide. C'est la seule vraie névrose dont je crois pâtir, mais elle est très angoissante, surtout que je n'éprouve aucune envie de me suicider.

Le sentier des gorges de l'Areuse est en effet un endroit propice pour un test de cette nature. L'étroit chemin est pierreux à souhait, il n'est pas sécurisé partout par des barrières et, dans la noirceur au fond du précipice, des dizaines de mètres plus bas, le torrent gronde de manière sinistre dans les gouffres. En plus, il a beaucoup plu les jours précédents et le sentier est glissant. Comment pourrais-je ne pas aimer mon Ilse, son esprit logique et réaliste, son sens de l'humour aussi ?

Cette première expérience est fort éprouvante, je l'avoue. Je n'ai jamais ressenti autant de peur de toute ma vie. Mais la vision des gouffres et du torrent, dont la noirceur me rappelle les gravures de Doré sur l'*Enfer* de Dante, contrera sans doute quelque peu mes envies de jouer à Icare. Je suis très soulagé quand nous arrivons à Champ-du-Moulin, au bout du sentier. Soulagé et très fier de ma performance. Assis à la terrasse du restaurant La truite, cependant, en train de savourer une bière, l'idée de retourner par le même chemin me taraude. On nous indique alors une autre possibilité de retour, par les hauteurs cette fois, de l'autre côté de la vallée, en direction du village de Chambrelien. Si content de ne plus devoir contempler le fond du torrent, j'accepte cette proposition sans trop me poser de questions. Mais en fait, si le spectacle là-haut est moins sinistre que dans les gorges, cet autre sentier est bien plus dangereux que le premier. Je dois maintenant faire face non pas à un gouffre de quelques dizaines de mètres, mais à des précipices de centaines de mètres de profondeur. En plus, il nous faut grimper par moments comme des chèvres sur des éboulements assez instables, pour retrouver le sentier, car la pluie y a fait des ravages les jours précédents.

Cette première journée de sept heures de marche est une excellente entrée en matière, pas tant pour les muscles que pour l'esprit. Ilse, familiarisée depuis son enfance avec les montagnes, galope sur les minuscules sentiers avec une aisance étonnante et m'encourage avec de jolis sourires. Sa présence est très rassurante. Surtout, je ne veux pas perdre la face ; il vaut mieux tenter de crâner pour ne pas gâcher le voyage. Heureusement, selon ce que nous avons lu dans notre guide, le Trans Swiss Trail 1 ne semble pas comporter d'étapes aussi inquiétantes que celle que nous venons de parcourir.

Comme il est tard dans la saison, nous choisissons de commencer à marcher depuis Flüelen, au centre de la Suisse, en direction sud. De cette manière, nous pourrons traverser le col du Saint-Gothard avant les premières chutes de neige. Et nous gardons la partie nord du parcours, depuis Porrentruy, pour plus tard, au mois d'octobre.

Le 4 septembre, vers midi, nous descendons du train à Flüelen, pleins d'enthousiasme. Il pleut et il fait un peu froid, mais nos capes nous protègent convenablement. Le chemin longe la vallée de la rivière Reuss, à travers les chaînes de montagnes, et il continuera le long du cours d'eau, en montant, jour après jour, jusqu'en haut du col. Ici en bas, juste avant de se jeter dans le lac des Quatre-Cantons, la rivière est large et torrentielle, gonflée par l'eau venant des hauteurs, au point d'inonder les terres de son delta. À mesure que nous monterons, la rivière ira en rapetissant et son courant perdra son intensité. Quelques jours plus tard, déjà au col du Saint-Gothard, nous allons la traverser à gué, en sautillant sur les pierres de son lit pour gagner la route qui aboutira à l'Albergo San Gottardo.

La première étape, jusqu'à Erstfeld, s'avère très facile. Les montagnes au loin ne nous semblent pas encore trop imposantes. Le lendemain, dans l'étape conduisant à Gurtnellen, nous traversons la Reuss sur des ponts métalliques et des échelles fort impressionnants. La vallée devient alors plus étroite et les montagnes gagnent un aspect à la fois grandiose et quelque peu oppressant. Il ne pleut plus, mais les nuages bas nous empêchent encore de distinguer les sommets. Le soir, à la terrasse de l'hôtel, pendant que je fume et que je savoure une eau-de-vie de prune, il vente beaucoup et il fait très froid. Progressivement, des étoiles apparaissent dans le ciel, ce qui est bon signe pour le lendemain. Un peu plus tard, la lueur de la lune sur les parois mouillées des montagnes leur donne un aspect argenté presque magique.

Le matin, nous contemplons les premiers sommets enneigés du voyage. Le ciel est limpide, mais le soleil mettra encore des heures à contourner les montagnes pour atteindre le fond de la vallée. Cette étape, jusqu'à Andermatt, va mettre nos jambes à l'épreuve par une montée incessante, parsemée d'escaliers et d'échelles, parmi un paysage aussi féerique qu'inquiétant. Les parois rocheuses se rapprochent de plus en plus et l'étroite vallée paraît écrasée par ces formations d'un aspect menaçant. Nous sommes dans les Alpes. Par moments, notre regard porté au loin n'arrive pas à distinguer par où notre chemin réussira à continuer, tant les montagnes paraissent impénétrables.

Après une pause pour la bière et les sandwiches dans le village de Göschenen, nous dépassons l'entrée du tunnel du Gothard. La montée continue à travers une étroite galerie sur le côté de la route. Les précipices à notre gauche et les autos à notre droite rendent cette portion particulièrement énervante. Il vente beaucoup, mais le ciel reste dégagé. Nous arrivons ensuite au superbe Teufelsbrücke — le pont du diable. Le torrent dans la gorge est terrifiant, comme s'il s'agissait d'une explosion continuelle, et il asperge tout aux alentours. Je ne peux pas m'empêcher de penser au génie du peuple suisse, capable de dominer ces montagnes abruptes par ces ouvrages magnifiques et souvent fort anciens. À la fin de l'étape, nous grimpons par une échelle sur le toit d'un tunnel routier et nous arrivons sur un large plateau. Andermatt se profile au loin. C'était l'avant-dernière portion avant le col et nos jambes continuent à nous porter sans difficulté.

À partir d'Andermatt, le sentier suit d'abord le lit de la Reuss jusqu'au village de Hospental. La montée devient alors très raide, presque à pic sur un ancien chemin muletier, où nous faisons la rencontre de quelques chèvres de montagne. Nous sommes maintenant loin de la route et nous avançons seuls, sans rencontrer personne. La nature environnante a un aspect agressif à cause de l'absence d'arbres et des gigantesques amoncellements de pierres tombées des flancs de montagnes. Sans les herbes des pâturages, cela aurait l'air d'un paysage lunaire. Les rares vaches que nous croisons en chemin ne semblent pas dérangées par notre présence. Nous faisons une pause à Mätteli et nous continuons à monter encore des heures, toujours fascinés par ce spectacle grandiose et par le silence qui y règne. Enfin, nous arrivons à un autre plateau et nous traversons la Reuss à gué. Voilà le col du Saint-Gothard au loin, sous un magnifique soleil qui décline à l'horizon. En à peine trois jours et demi de marche, nous venons de franchir 50 km de durs sentiers de montagne, pour une ascension totale de 1 800 m depuis Flüelen. Pas mal pour des petits vieux !

Notre chambre à l'Albergo San Gottardo, la seule auberge de l'endroit, est aussi minuscule qu'adorable. Heureusement, nous l'avons réservée quelques semaines auparavant ; l'endroit est envahi de touristes venus en car ou en auto. Passer la nuit dans ces hauteurs est un réel privilège, surtout par un temps magnifique comme celui de maintenant. Le soir, au restaurant, nous nous attablons avec plaisir pour un gros souper de röstis et de saucisses, arrosé du vin rosé délicat appelé œil-de-perdrix. Ensuite, comme il fait très froid et qu'un brouillard épais s'est levé, nous regagnons notre chambre pour y déguster une bouteille de kirsch. Et nous nous endormons, la tête pleine d'images.

Le matin, il fait toujours beau et très froid. Les rives du petit lac proche de l'Albergo sont couvertes de glace. Le personnel de la cafétéria où nous prenons le petit-déjeuner nous dit qu'il neigera bientôt. Nous attaquons de bonne heure la descente très abrupte par la Via Tremola, qui nous conduira à Airolo. Il s'agit d'une dénivellation de plus de 1 000 m en à peine 12 km de route, ce qui met à l'épreuve les articulations des genoux et du bassin. Mais notre forme est bonne et la descente par la voie en zigzag est très jolie. Nous avançons encore tout seuls. Le soleil cogne fort ; bientôt, nous enlevons une couche de vêtements après l'autre. Et nous arrivons à Airolo au milieu de la matinée, trempés de sueur et assoiffés de bière.

Depuis Airolo, nous suivons la Strada Alta, un ancien chemin muletier qui longe les hauteurs du flanc est de la vallée de la Leventina. La montée est rude, les sentiers sont rocailleux, mais la vue est spectaculaire. Les trains rouges qui passent le long de la rivière tout en bas ont l'air de jouets dans un paysage artificiel. Notre chemin traverse de jolis villages endormis, aux maisons construites en granit et aux toits couverts d'épaisses dalles de pierre. Et, partout, des jardins fleuris, des pots remplis de géraniums rouges. À Deggio, nous logeons dans une auberge attenante à une pizzeria. Ce sera notre première rencontre avec les gigantesques pizzas et calzones du Tessin, cette partie italienne de la Suisse, qui vont faire notre bonheur encore à plusieurs reprises jusqu'à Lugano.

Nous arrivons ensuite à Calonico, après huit heures d'une marche fort éprouvante par des sentiers difficiles, remplis de pierres et de racines, avec des montées et des descentes souvent à pic. Nous logeons dans une auberge en haut du restaurant Grotto Pro Bell, isolé au milieu d'une forêt. Le patron, un Italien très sympathique, est aussi le cuisinier, et sa table est réputée dans toute la région. Le soir, nous y mangeons en effet très bien parmi les nombreux clients venus en auto. La carte des vins est impressionnante, avec des bouteilles allant jusqu'à mille francs. Pourtant, avant que nous remontions dans notre chambre, comme s'il s'agissait de la chose la plus évidente au monde, il nous donne les clés de l'auberge et du restaurant, car nous y serons seuls pour la nuit. Ses employés et lui habitent Biasca, à quelques kilomètres de là. Le lendemain, lundi, son établissement est fermé, mais il revient de bonne heure pour nous servir le petit-déjeuner et pour nous dire adieu !

Notre route continue par Sobrio et Biasca. À Bellinzona, nous flânons dans le château et dans ses ruelles étroites, avant d'aller nous attabler devant de copieux gnocchis à la sauge dont nous nous souviendrons toujours. Après Bellinzona cependant, les choses se compliquent pour nous. Nous nous égarons en forêt à cause des chemins mal balisés ou même qui n'existent plus, ce qui nous oblige à faire de grands détours et à revenir à notre point de départ. Nous décidons alors de prendre le train directement pour Lugano et de planifier la fin du parcours une fois installés à l'hôtel. Mais l'hôtel à Lugano, quelle blague ! C'est une belle ville, sans aucun doute, mais aussi une ville pour millionnaires, la capitale de ce que l'on appelle la Riviera suisse. Les prix des hôtels qu'on y trouve ne conviennent pas du tout à des voyageurs comme nous. Les rues sont très chics, remplies de magasins de luxe. Dans la devanture d'une bijouterie, je vois même une montre à quarante mille francs, parmi d'autres dont on ne dit pas le prix. Assis aux terrasses des bars au bord du lac, des vieillards bronzés et très distingués se donnent à voir en compagnie de jeunes femmes ou de vieilles rafistolées. Et dans les rues, des limousines côtoient les Ferrari et les Maserati dans un défilé continuel de fric et de vanité. Rien à voir avec les sentiers de montagne que nous avons parcourus jusqu'alors. Selon les informations obtenues, nos prochaines étapes jusqu'à la frontière italienne seraient du même acabit ou plus snobs encore. Nous prenons alors la décision d'arrêter notre marche à Lugano et de retourner en train à Flüelen, pour y rester quelques jours et marcher sur la Voie suisse, autour du lac des Quatre-Cantons.

.

À la fin septembre, de retour à Neuchâtel, nous avons le plaisir de participer à la fameuse Fête des vendanges : trois jours et trois nuits de célébrations et de libations arrosées de chasselas et de pinot noir, parmi une foule joyeuse de fêtards. Début octobre, déjà refaits de nos excès alcooliques, nous commençons à marcher depuis Porrentruy pour compléter ce qui nous manquait du Trans Swiss Trail. Il fait beau et assez chaud. Si le paysage dans cette région du Jura est moins spectaculaire que celui des Alpes, il est par contre d'une beauté plus apaisante. Là, dans le Jura, et plus tard, dans l'Emmental, notre chemin passe par d'immenses pâturages d'un vert très intense et par des forêts très denses. Les maisons de ferme sont toutes plus jolies les unes que les autres, et les fermières jouent à qui fleurira le plus sa propriété. Les étapes de marche sont bien moins exigeantes physiquement, ce qui nous permet d'avancer en profitant davantage du paysage et de la solitude.

Il y a des endroits adorables en cours de route, comme le village médiéval de Saint-Ursane sur les berges de la rivière Doubs ou la ville fortifiée de Morat. Puis, Lützelflüh, déjà dans l'Emmental, et la vallée de la Emme, où se trouvent sans aucun doute les plus belles maisons de ferme de toute la Suisse. Nous avançons doucement maintenant, par des chemins tranquilles, sans presque rencontrer personne en route. À la fin octobre, nous arrivons de nouveau dans la région du lac des Quatre-Cantons et nous bouclons notre périple.

Au retour, nous prenons d'abord le bateau pour un voyage magique de quatre heures en direction de Lucerne. Une fois arrivés, j'ai l'occasion d'admirer les tableaux de la célèbre *Totentanz* dans le Spreuerbrücke — le pont de la Danse des morts —, le vieux pont couvert au centre de la ville. C'est la seule danse macabre ancienne qui résiste encore au passage du temps. Je me sens ému, car je la connaissais depuis longtemps, à travers des reproductions dans des livres. J'avais maintes fois étudié ses scènes et ses personnages lorsque je peignais ma propre danse macabre, plus de dix ans auparavant.

Avant de rentrer à Montréal, nous faisons un autre tour à Berne pour acheter un guide sur le Trans Swiss Trail 2, celui qui traverse le pays d'est en ouest. Nous sommes décidés à le parcourir dès l'année prochaine. La Suisse nous a littéralement ensorcelés. Avec ses 60 000 km de sentiers pédestres de toutes sortes, généralement bien balisés et entretenus, ce pays est sans aucun doute le paradis des randonneurs.

Cinq

Souvent, durant nos randonnées, je me perdais en rêveries tout en observant distraitement non pas les paysages alentour mais le sentier lui-même. J'étais captivé par cette étroite portion de terrain qui serpentait devant moi, bordée soit d'herbes, soit des racines des arbres de la forêt. Le passage d'autres marcheurs avant nous avait dessiné ce lieu de marche, lui conférant le statut de chemin. À leur tour, nos pas contribuaient à le maintenir vivant. Dans certaines portions peu fréquentées, les herbes et les ronces commençaient déjà à reprendre du terrain, parfois même en masquant tout à fait le sentier par manque de pas humains. Dans les endroits où le sentier avait été envahi par l'eau et la boue, ou s'il avait été trop piétiné par les troupeaux de vaches, un regard attentif pouvait déceler, ici et là, des raccourcis ou des déviations permettant de contourner l'obstacle. C'étaient des tracés provisoires du chemin, dont quelques-uns paraissaient destinés à durer, tant les passants les avaient empruntés. Parfois, sur les traces du sentier apparaissaient de larges dalles taillées dans la pierre, comme c'est le cas de diverses voies romaines demeurées sous la forme de vestiges que l'on trouve en Espagne. Il est fascinant de penser que ces chemins existent depuis si longtemps et qu'ils

Sergio Kokis, *Sentier 5*, huile sur masonite, 51 cm × 61 cm, 2014.

subsistent par le simple fait qu'on continue à les emprunter. Ou qu'ils résistent au temps en servant de voie d'écoulement des torrents pluviaux. Nous en avons maintes fois rencontré pendant nos randonnées, de ces layons souvent si bien cachés dans les forêts ou dans les gorges, si discrets sous le tapis de feuilles mortes qu'on les croirait destinés à disparaître. Pourtant, ces pistes sont toujours là, parce qu'elles correspondent au meilleur lieu de passage pour le marcheur depuis l'antiquité. Tout à fait comme les anciens sentiers muletiers que l'on trouve en Suisse : les lieux naturels trouvés par l'homme pour franchir les montagnes en évitant la crue des eaux printanières au fond des vallées. Ces chemins possèdent souvent une géométrie fort curieuse, en zigzag, avec des virages en épingle à cheveux. Ces tracés étranges sont cependant les meilleures options pour circuler à flanc de montagne.

Dans mes rêveries j'ai souvent pensé à ces sentiers comme à une métaphore de la vie humaine, avec leurs différents moments faciles ou difficiles, leurs impasses ou leurs obstacles à surmonter. Chaque étape de marche, du matin au soir, pouvait aussi symboliser une étape de la vie, et le chemin à parcourir représentait la durée de l'existence qu'il reste à un moment donné. Nous sommes par ailleurs habitués à penser la vie en termes presque uniquement temporels, un temps certes parsemé de moments significatifs recueillis dans le trésor de la mémoire. Mais en marchant et en surveillant le ruban de sentier qui paraissait venir à ma rencontre depuis le lointain, je percevais une autre image de l'existence qui semblait se dégager pour enrichir mes représentations. C'était comme si l'avenir se matérialisait en avant de moi, un à-venir devenant sentier au fur et à mesure que j'avançais. Les endroits les plus intéressants à cet effet étaient ceux où je n'arrivais pas à percevoir la continuation de la piste à cause d'une courbe serrée, d'une dénivellation soudaine ou de sa disparition dans la forêt. À ces moments, le sentier devenait plein de mystère ou d'expectative, comme il arrive parfois quand l'avenir se présente voilé par des situations difficiles à prévoir. Mes pas se pressaient alors parce que ma curiosité me poussait à découvrir ce qui allait venir un peu plus loin ; la marche gagnait une saveur nouvelle et mes foulées paraissaient plus lestes. À d'autres moments, au contraire, une piste toute droite se perdant à l'horizon pouvait me paraître presque fade ou ennuyeuse, semblable à des périodes de notre vie où rien de nouveau ne se passe. Je ressentais alors plus clairement la fatigue dans les jambes, la chaleur ou le poids du sac à dos.

Cette fascination quant aux sentiers proprement dits s'est développée avec le temps jusqu'à devenir l'un des aspects les plus intéressants de la marche. Je suis devenu un observateur très attentif des trajets par où je passe et je m'amuse à comparer l'état de mes rêveries avec le type de piste par laquelle j'avance. L'aspect de difficulté ou de facilité des divers tronçons influe beaucoup sur l'état de mes pensées, naturellement. Surtout en Suisse : j'étais alors obligé d'être si attentif à l'endroit où je posais les pieds et à la prise qui me permettrait de m'accrocher que je n'arrivais pas à penser. J'étais entièrement concentré sur les difficultés du terrain et fort tendu, comme dans certains moments cruciaux de mon existence pendant lesquels il y avait place uniquement pour l'action automatique. Des moments dont je devais attendre qu'ils passent pour retrouver mon moi familier. Mais dès que le chemin n'exigeait plus toute mon attention pour le maintien de mon intégrité physique, je

revenais à mes rêveries. Et alors, les caractéristiques propres
du sentier — le fait qu'il monte ou qu'il descende, la compo-
sition de sa surface et son aspect général, même ses bordures
et la végétation alentour — entraient en ligne de compte pour
orienter mon idéation. Je me souviens en particulier du sentiment de bonheur et des pensées douces provoqués par les
endroits où les pierres et le sol étaient recouverts d'une mousse
verte, épaisse et d'un aspect moelleux. Je ressentais l'envie de
m'y allonger pour passer la nuit, tant je me trouvais bien dans
ce décor. D'autres éléments affectifs se développaient ainsi
spontanément au long de la marche et je commençais alors à
chérir presque davantage les sentiers que le paysage.

De retour dans mon atelier, sans tout à fait m'en rendre
compte, je me suis mis à esquisser et à peindre surtout des
paysages comportant des sentiers comme figure principale.
Parmi les dessins ou les photos qui m'inspiraient, c'étaient les
images d'étroits chemins dépourvus de présence humaine que
je choisissais avant tout. Après avoir peint une douzaine de
tableaux de ce type, j'étais conquis. Une longue série d'autres
tableaux semblables s'en est suivie, toujours par groupes. Et
même si cela semble un peu maniaque, je n'en suis pas encore
rassasié. Je crois d'ailleurs que le sentier comme métaphore
de l'existence était l'élément qui me manquait pour humaniser
mes paysages, pour les rendre plus aventureux. Les tableaux
ne sont alors plus un cadrage choisi au hasard, décoratif, où
l'observateur reste au-dehors de la scène représentée. L'image
du chemin paraît inviter le spectateur à prendre le risque d'un
mouvement de marche vers l'intérieur de ce qui est montré sur
la surface de la toile, ou vers son propre cheminement existentiel. Du moins, c'est ainsi que je perçois ces tableaux, et ils ne

cessent de m'attirer et de me ravir. Au contraire des paysages habituels, dont je retire du plaisir presque exclusivement en raison du jeu formel et chromatique en cours d'exécution, mes chemins qui ne semblent mener nulle part paraissent posséder un aspect spirituel que je n'arrive pas encore à cerner dans toute sa complexité.

•

J'ai complété l'écriture du *Retour de Lorenzo Sánchez* et il a été publié au printemps 2008. Je ne savais pas qu'il serait mon dernier livre chez XYZ éditeur. Je me souviens d'avoir raconté à mon directeur littéraire de l'époque que j'étais en train de me documenter pour un nouveau roman. Il s'était montré très intéressé par le sujet, la vengeance d'un homme sortant de prison, sans toutefois me révéler que la maison d'édition était alors en voie d'être vendue.

L'idée de ce roman, *Clandestino*, trottait dans ma tête depuis longtemps. Aimant aussi les polars, je voulais écrire un livre proche de ce genre. Non pas une simple histoire de crime comme on en voit souvent dans les romans de suspense américains ou français, mais un récit qui déborderait le thème principal, en le situant dans un contexte social intéressant. Mes auteurs favoris de romans policiers étant Le Carré, Alan Furst, Philip Kerr, Eric Ambler, Vázquez Montalbán, Frederick Forsyth, Graham Greene et le Français Izzo, c'est de leur style que je voulais m'approcher. Mais le thème du roman n'était pas encore clair dans mon esprit ; au fil des ans, j'ai joué avec plusieurs situations, scénarios ou lieux différents. Seule la structure formelle du *Comte de Monte-Cristo* demeurait stable comme cadre de mon projet. Naturellement, je voulais aussi une vraie vengeance et non pas une sorte de pardon déguisé comme chez Dumas.

Pendant l'été 2008, je me suis enfin décidé à placer l'histoire en Argentine et à tenter de créer un personnage principal qui ne serait, pour une fois, ni un intellectuel ni un artiste. J'ai eu beaucoup de plaisir à me documenter tant sur la guerre des Malouines que sur l'art de percer des coffres-forts. Avec étonnement, j'ai découvert plusieurs sites Internet qui offrent des cours très détaillés sur le métier de casseur, avec d'abondantes informations sur les nombreuses marques et les types de coffres, leurs serrures et les outils de travail nécessaires pour réussir dans ce domaine. Aussi, sur les produits chimiques à la disposition du premier venu pour la confection d'explosifs ou d'engins incendiaires qui facilitent la tâche du cambrioleur moderne. C'était la première fois que je me renseignais autant sur des sujets techniques dans un domaine qui m'était inconnu avant d'écrire un livre, et cette masse d'informations m'a laissé un peu confus lors de mes premières tentatives. Pour *L'art du maquillage* aussi, je m'étais longuement documenté avant d'attaquer le roman. Mais il s'agissait alors de sujets techniques reliés de près à mon métier de peintre, et je n'avais pas eu de difficulté à en garder la maîtrise au long du développement de l'histoire. Pour *Clandestino*, même l'idée de base de la trame principale m'était encore peu familière ; je devais donc me battre avec plusieurs inconnues à la fois. Surtout, au fur et à mesure que j'avançais dans le projet, je me demandais si je voulais vraiment écrire un roman uniquement policier, divertissant et sans trop de parenté avec mes romans précédents.

Un fait d'apparence anodine m'a cependant aidé, pour me décider à repenser le tout et à ne pas gaspiller une idée aussi captivante : la lecture d'un roman policier d'un auteur que je trouve d'habitude assez inventif. Or, cet auteur partait d'une situation très intéressante et originale, au point de me rendre jaloux. Malheureusement, le développement de sa narration était fort médiocre et il finissait par boucler l'histoire un peu n'importe comment. Le résultat était un tout petit livre assez invraisemblable, qui n'arrivait pas à exploiter les implications éthiques de sa magnifique idée de départ. Cette lecture m'a laissé à la fois frustré et quelque peu pensif à l'égard de ce que j'étais en train d'écrire. En réfléchissant à la façon dont je m'y serais pris pour tirer un meilleur parti de son histoire — un exercice que je fais souvent avec les textes et les films que je considère comme ratés —, j'ai vu tout à coup les défauts de mon propre roman en toute clarté. J'étais aussi en train de gaspiller une bonne idée en m'attelant uniquement à l'aspect de suspense et d'action, sans développer la psychologie de mon personnage principal. Tout cambrioleur qu'il était, il devrait avoir plus d'étoffe pour devenir davantage le personnage d'un roman de Kokis. Je n'arriverais jamais à me contenter d'un simple livre d'action. D'ailleurs, même dans les livres d'auteurs qui me plaisent d'habitude, c'est toujours l'absence d'analyse psychologique des personnages qui m'agace le plus. Ainsi, je n'avais pas d'autre choix que d'interrompre l'écriture en cours ; j'attendrais que le roman mûrisse dans mon esprit au point de m'obliger à le reprendre un jour.

·

Malgré ces activités de peinture et d'écriture, notre principal objectif pour l'année demeurait la marche sur le Trans Swiss Trail 2. Ilse et moi, nous continuions à nous renseigner sur ce parcours et à nous entraîner deux fois par semaine par de longues marches urbaines. Au milieu de l'été, j'ai reçu une invitation pour me rendre à Barcelone vers la fin d'octobre, à l'occasion du lancement de la traduction espagnole de mon roman *La gare*. Comme nous serions alors en Suisse, rien ne nous empêchait d'aller nous reposer quelques jours à Barcelone avant de boucler notre périple.

Le Trans Swiss Trail 2 est l'ancienne appellation de ce qui est devenu le Alpenpanoramaweg, c'est-à-dire le chemin du panorama alpin. Notre guide était encore celui du Trans Swiss Trail 2 ; les légères modifications à la suite du changement de nom et de tracé du sentier allaient nous causer quelques problèmes d'orientation en cours de route. Mais, ce n'était pas grave ; grosso modo, il s'agit du même long chemin. Le sentier de 474 km part de la ville de Rorschach, sur le lac de Constance, proche de la frontière autrichienne ; il suit en diagonale le territoire suisse, en gardant toujours à gauche le spectacle de la chaîne des Alpes, pour aboutir à Genève, au sud-ouest.

Excités comme toujours à la veille de nos longues randonnées, nous partons vers Zurich avec la compagnie Swiss au milieu du mois d'août. Lorsque l'altitude de croisière est atteinte, le commandant de l'avion décide de nous faire une curieuse révélation. Il nous apprend que son radar est défectueux et qu'il ne pourra pas suivre le trajet habituel à cause de ses difficultés de détection et d'orientation. Il empruntera donc la route qui passe au-dessus du Groenland pour profiter du peu de trafic dans cette région et des radars militaires qui s'y trouvent. Il cherche cependant à nous rassurer en affirmant que tout est sous contrôle, que cette déviation entraînera seulement un petit retard. Il s'excuse en outre du mauvais fonctionnement des films et des jeux électroniques à bord. Voilà qui met déjà un peu de piquant dans cette aventure qui commence. Qui sait si ces pannes n'auront pas d'autres conséquences sur l'intégrité même du reste de l'avion? Mais les agents de bord ne semblent pas énervés pour autant, ce qui est bon signe, et ils sont assez généreux dans la distribution d'alcools et de vins, ce qui me plaît beaucoup. Tant qu'à plonger de là-haut sur les glaciers du Groenland, autant que ce soit en tenant d'un côté la main de ma bien-aimée et de l'autre un bon verre de scotch.

Le voyage se passe bien cependant, même si nous arrivons à Zurich avec deux heures de retard. L'important était d'arriver. Notre première destination : Neuchâtel, pour d'autres retrouvailles familiales et des ripailles fortement arrosées, comme d'habitude.

Vers la fin août, nous descendons du train à Rorschach pour commencer notre randonnée. Je trouve bien drôle de me trouver dans cette jolie ville au bord du lac trente-cinq ans après y avoir soutenu ma thèse de doctorat, laquelle traitait de l'investigation de la pensée des schizophrènes à travers le test de Rorschach. Le temps est magnifique, et il le restera tout au long de notre parcours en direction de Genève. Cette première journée commence par une longue montée très abrupte, qui durera jusqu'à la fin de la première étape. De là-haut, le panorama du lac de Constance est superbe, s'étendant à l'horizon jusqu'aux rives allemande et autrichienne. Même si cette fois nous n'allons pas traverser les Alpes, mais seulement les longer, les montées et les descentes sont assez dures pendant la totalité du parcours, et elles alternent souvent durant la même étape. Après tout, il s'agit de la Suisse, où les vraies plaines sont bien rares. Même lorsque notre guide annonce une absence de dénivellation significative, le chemin est toujours accidenté, vallonné. Les indications du parcours privilégient surtout les tronçons les plus beaux pour les marcheurs. Les marcheurs suisses, cela s'entend, qui affectionnent les gorges profondes, les sommets les plus spectaculaires ou les flancs de montagne les plus escarpés. Mais cela ne me dérange plus comme l'année précédente, et j'arrive mieux à m'abandonner à la beauté exquise des paysages qui s'ouvrent à chaque tournant du chemin. Nous allons atteindre bientôt la région d'Appenzell ; la vue de la chaîne enneigée des Alpes nous accompagnera ensuite sur notre gauche jusqu'à la fin du voyage.

Les gens qui ont pensé ce parcours ont pris soin de le faire passer par de très jolis villages, par de vastes pâturages verdoyants et par des forêts qui semblent sorties de contes de fées. C'est la saison des mûres sauvages au long des sentiers ; nous nous en régalons tout en faisant attention aux essaims de guêpes alentour. Quand nous passons par un pré où le fermier vient de faucher les foins, nous avançons à travers le parfum de l'herbe séchant au soleil. Des vaches à n'en plus finir, toutes les races de vaches, que nous devons parfois côtoyer après avoir franchi les barrières de barbelés ou les clôtures électriques. Nous tentons de passer le plus discrètement possible parmi le bétail, surtout lorsqu'il y a des affiches annonçant la présence de taureaux ou de vaches avec leurs veaux. Leur rencontre peut être assez fâcheuse pour le promeneur. Tout au loin, de petites flèches jaunes balisent un nombre incalculable de sentiers de randonnée dans toutes les directions. Par moments, il n'est pas facile de trouver la bonne indication pour nous. Il faut alors avancer de manière intuitive, en gardant le regard au loin, au bout du pâturage, pour ne pas rater la prochaine flèche. Et chaque fois que nous la distinguons, nous sommes rassurés de savoir que nous ne devons pas rebrousser chemin, que nous arriverons de bonne heure à la fin de l'étape pour nous attabler devant une chope de bière.

Nous séjournons à Appenzell, un très beau village dont les façades des maisons sont toutes joliment peintes de scènes intéressantes. Ensuite, à Wattwil, nous entamons la rude ascension de la colline pour visiter l'imposant fort Iberg qui domine la ville. Il s'agit d'une ancienne prison construite au XIIIe siècle, où les trésors de l'Église ont été conservés durant la guerre de Trente Ans. Tout le chemin est d'ailleurs jalonné de châteaux ou de vestiges d'anciennes forteresses, ce qui nous rappelle le passé belliqueux de ces régions âprement disputées au long des siècles. À d'autres moments, nous rencontrons la Suisse des riches modernes et cela nous laisse tout autant surpris. C'est ce qui arrive à Rapperswil, ville touristique sur les berges du lac de Zurich, où nous arrivons un samedi après une très longue marche. Pas moyen de trouver une chambre à l'hôtel en cette journée chaude de fin de saison. La réceptionniste d'un des hôtels se fait un devoir de nous aider et téléphone un peu partout pour nous trouver une chambre. Et elle en trouve une, en effet, mais dans un hôtel très chic, le Frohberg, en haut de la montagne. C'est cher, mais nous n'avons pas d'autre choix. L'endroit est magnifique, sans aucun doute, et notre chambre est somptueuse de modernité. Ce jour-là, la terrasse de l'hôtel surplombant le lac est occupée par une noce imposante ; des gens extrêmement élégants à qui on sert le champagne avant le banquet. Depuis notre balcon, nous trouvons bien curieux de regarder ces personnes qui appartiennent à un autre monde. Une fois que les invités de la noce ont fini de souper, les serveurs nous préparent une table, et c'est à notre tour de nous régaler. La nuit tombée, accompagnés d'une bouteille de kirsch, nous restons jusqu'à très tard sur notre balcon pour boire, fumer et admirer les lumières de la ville en bas, se reflétant dans l'eau du lac.

Le lendemain, après une longue promenade dans la partie ancienne de la ville et sur la berge du lac, nous franchissons la passerelle en bois pour gagner Pfäffikon, sur l'autre rive. Ilse a déniché l'adresse d'une ferme un peu plus loin où l'on accueille les marcheurs dans une ancienne étable, où ils peuvent dormir sur la paille. Cela contraste avec notre chambre au Frohberg et compensera pour les dépenses de la veille. En plus, il s'agit d'une jolie ferme, avec des fleurs partout, et dont les propriétaires sont fort sympathiques. La paille, c'est de la vraie paille sur le sol de l'étable, mais nous y passons une nuit délicieuse, enroulés dans d'épaisses couvertures de cheval. Le matin, les fermiers nous servent un petit-déjeuner beaucoup plus copieux que celui de notre hôtel chic.

Près de la ville d'Einsiedeln, nous croisons un tronçon du Jakobsweg, la partie suisse du chemin qui mène à Saint-Jacques-de-Compostelle. Einsiedeln est d'ailleurs, depuis le Moyen Âge, l'un des hauts lieux de pèlerinage de la route des jacquets venant d'Allemagne et d'Autriche. L'intérieur de la cathédrale nous laisse fort étonnés, cependant : les murs et les images sont peints en couleurs pastel très chargées, ce qui donne la nette impression de se trouver dans le présentoir d'un magasin de glaces ou de friandises multicolores.

Notre chemin continue ainsi, jour après jour, avec d'autres surprises agréables et des villages charmants qui nous changent de la solitude des sentiers. Lucerne une deuxième fois, Guggisberg et ensuite le magnifique lac Noir. Nous descendons l'étroite et impressionnante gorge de la Jogne, toute taillée dans les rochers, mais qui me fait beaucoup moins peur que celle de l'Areuse. Nous dormons une nuit dans le village fortifié de Gruyères et nous montons ensuite en direction de l'imposante montagne du Moléson, toujours avec le panorama des Alpes à notre gauche. Au bout de presque un mois de marche, nous arrivons sur la montagne Les Pléiades, d'où nous descendons à Vevey par le train à crémaillère. Vu qu'à partir de là le chemin continue le long du lac Léman, une région aux hôtels convenant peu à la bourse des randonneurs, nous décidons de mettre fin à ce périple.

Après une courte visite à Saint-Claude, en France, le paradis des fumeurs de pipe, et le délicieux intermède à Barcelone pour le lancement de mon livre, nous retournons à Montréal.

•

Au cours du mois de novembre, j'ai appris ce qui paraissait de prime abord être une mauvaise nouvelle : XYZ éditeur venait d'être vendu à une maison d'édition de livres plutôt populaires. L'idée que mes œuvres soient publiées par cette entreprise ne me plaisait pas du tout. Qui plus est, dans le passé, j'avais déjà eu l'occasion de faire la connaissance de son propriétaire ; la façon arrogante dont il s'était alors adressé à moi ne m'encourageait pas à le rencontrer de nouveau. Mais mon refus de passer au nouvel éditeur signifiait que tous mes livres — y compris *Le retour de Lorenzo Sánchez*, publié moins de six mois auparavant — seraient aussitôt pilonnés et ne seraient plus en vente comme par un funeste miracle. Certes, je deviendrais alors le seul propriétaire de tous mes droits d'auteur et je serais libre de chercher un autre éditeur plus sympathique à mes yeux. La décision n'a pas été difficile à prendre : j'ai refusé de participer à la transaction. J'ai agi ainsi un peu par entêtement et un peu parce que cette situation me semblait une rupture libertaire avec mes habitudes littéraires, comme une nouvelle aventure. Tant pis pour mes livres. Et, soudain, paradoxalement, je me suis senti très heureux, comme allégé d'un grand poids, sans toutefois comprendre pourquoi. Mes livres avaient disparu des librairies, je n'avais plus d'éditeur et personne n'allait plus m'incommoder avec des invitations inopportunes. Je ressentais presque la même sensation de liberté que si un incendie providentiel avait fait disparaître l'ensemble de mon œuvre plastique. Et comme mes livres ne s'étaient jamais distingués par des ventes colossales, la perte monétaire n'était pas assez importante pour déranger mon train de vie. L'idée que je n'avais plus besoin d'aller m'asseoir comme un pantin dans les salons du livre me ravissait. Avec le temps, les gens allaient finir par oublier le personnage public que j'étais devenu à mon insu et je ne serais plus dérangé dans ma solitude. Que demander d'autre pour un artiste ? Les exemplaires de mes livres sur les étagères de ma bibliothèque suffisaient pour me rassurer sur mes talents d'écrivain dans les moments d'angoisse. Je savais par ailleurs que mes prochains romans trouveraient preneur tôt ou tard. Il suffirait de continuer à écrire comme je l'avais toujours fait, sans chercher à séduire qui que ce soit.

Sans la perspective d'un nouvel éditeur, il ne m'avait pas été difficile d'abandonner provisoirement l'écriture du roman *Clandestino*. Je savais pertinemment que son plan, en tant que pur roman d'action, était mauvais. Mais l'habitude d'écrire dans les périodes de pause en peinture était trop ancrée dans mon quotidien. Il me fallait trouver d'autres projets pour ne pas m'acharner sur ce roman et le poursuivre dans la mauvaise direction. C'est ainsi que je me suis décidé à tenter d'écrire des nouvelles pendant un certain temps. Ce serait une sorte de nouveau défi ou de gymnastique mentale pour me changer les idées dans cette période d'auteur dans les limbes.

Nicolas Tremblay, directeur de la rédaction de *XYZ. La revue de la nouvelle* — qui n'avait pas été incluse dans la vente —, m'avait un jour demandé d'écrire une nouvelle pour sa revue. Amateur éclairé de peinture, qui possède certaines de mes œuvres, il souhaitait en outre illustrer la couverture d'un numéro avec la reproduction d'un de mes tableaux. Même si j'écrivais seulement des romans, j'avais accédé à sa demande, et ma nouvelle avait été publiée en 2007. À la suite de quoi, et sans trop savoir pourquoi, j'avais gardé le soin de prendre en note les histoires qui me passaient par la tête et qui n'étaient pas suffisamment étoffées pour devenir des romans. J'avais toute une liste de ces scènes de la vie courante ou de ces situations curieuses qui pouvaient donner lieu à de courtes narrations. Mais avant de m'attaquer à ce nouveau genre littéraire, que je considère comme assez difficile et que je fréquente volontiers en tant que lecteur, je me suis obligé à revenir à mes classiques pour me sentir à la hauteur de la tâche. Après tout, le romancier dans les limbes ne devait pas écrire des nouvelles comme un débutant, ni pondre des vignettes dépourvues de sens comme on en rencontre souvent chez les nouvellistes modernes. La seule bonne école pour l'apprentissage de l'écriture est la lecture des bons auteurs. Je me suis ainsi attelé à l'étude des nouvelles que j'aime le plus, à la recherche d'inspiration formelle pour me mettre dans l'esprit du récit court. Pendant des mois, j'ai repassé les nouvelles complètes de Nabokov, de Hemingway, de Kafka, de Hesse, de Jack London, d'Andreïev et de Chalamov, mais surtout celles de Somerset Maugham — que je considère comme le plus grand de tous les nouvellistes. Un excellent apprentissage, dont les fruits allaient apparaître plus tard lors de la publication de mes deux premiers recueils, *Dissimulations* (en 2010) et *Culs-de-sac* (en 2013).

.

Cette curieuse sensation de liberté après la disparition provisoire de mes livres me poussait encore davantage à chercher la magie des chemins. Rassurés par notre forme physique dans les montées et les descentes abruptes de la Suisse, Ilse et moi avons alors conçu le projet de parcourir le mystérieux Camino del Norte qui nous faisait déjà rêver des années auparavant. Même s'il est décrit dans les guides comme étant difficile, peu fréquenté, mal balisé et sans trop de ressources pour aider le pèlerin, il ne pouvait pas être plus ardu que les sentiers helvétiques.

Un autre facteur, sans aucun rapport avec ce parcours, entrait en ligne de compte pour nous encourager à partir. Cinq années auparavant, lorsque nous nous entraînions pour notre première marche vers Compostelle, nous avions visité Lisbonne au printemps pour y célébrer mon soixantième anniversaire.

Je venais alors de finir l'écriture de *L'amour du lointain* et, me sentant entrer dans la vieillesse, je voulais marquer cette date de manière spéciale. Le soir de mon anniversaire, Ilse et moi nous étions attablés pour la fête à notre restaurant habituel. Le patron et la patronne avaient décidé de nous gâter avec un véritable festin. Les seuls autres clients étrangers étaient un couple d'à peu près notre âge à une table voisine, qui suivait attentivement le manège des serveurs autour de nous. Au moment du café, le patron nous avait apporté aussi une bouteille de *bagaço* pour que nous nous servissions à volonté. L'homme à côté ne parlait pas le portugais ; mais, intrigué par la présence de la bouteille sur notre table, il avait surmonté sa timidité naturelle et s'était adressé à moi dans un anglais au lourd accent. C'étaient des amateurs d'alcools fins, curieux de goûter cette eau-de-vie inconnue : Jan, un médecin radiologiste norvégien, et Ilse, son épouse allemande. Surpris par la coïncidence du prénom et de l'origine de nos épouses, nous avions fini par rapprocher nos tables et par fraterniser en allemand autour de la bouteille. Ils étaient impressionnés par le repas qu'on nous avait servi et par la sollicitude des patrons à notre égard. Quand je leur avais parlé de mon anniversaire, ils nous avaient appris que les coïncidences se poursuivaient de façon presque incroyable. En effet, Jan avait célébré la veille son soixantième anniversaire, mais dans un restaurant très chic, où ils n'avaient pas aussi bien mangé que nous. Au moment de nous quitter, nous les avions invités à revenir au même restaurant le lendemain à midi, car la patronne servait le meilleur chevreau au four de tout Lisbonne, une spécialité du nord du Portugal. Ilse et moi étions allés continuer nos libations alcooliques ailleurs et nous les avions oubliés.

Le lendemain midi, Jan et son Ilse nous attendaient timidement devant le restaurant. Le chevreau était excellent comme d'habitude, et nous étions restés ensuite à bavarder durant des heures sur l'œuvre de Knut Hamsun, dont je suis un amateur passionné. Je ne me souviens plus si l'invitation est venue de notre part ou de la leur, mais nous nous sommes donné rendez-vous au même restaurant cinq ans plus tard, pour y célébrer notre soixante-cinquième anniversaire. Une de ces promesses absurdes, prononcées au moment où on a déjà passablement bu, et dont on sait qu'elles ne se réaliseront pas.

Les années se sont écoulées, nous échangions des courriels à l'occasion de nos anniversaires, sans plus. Je leur ai envoyé deux de mes romans traduits en anglais et Jan m'a fait cadeau de deux livres de Knut Hamsun en norvégien pour ma collection. Mais comme nous avions décidé de parcourir le Camino del Norte, l'idée de fêter mon anniversaire à Lisbonne s'imposait comme une évidence. Il suffisait ensuite de prendre place dans le train de nuit en direction de Paris pour gagner San Sebastian. Nous ferions à l'envers le voyage du train de nuit pour Lisbonne, dont parle l'écrivain Pascal Mercier dans son roman éponyme, et cela paraissait bien excitant. En réponse à notre message lui rappelant le rendez-vous du mois de mai, fixé cinq ans auparavant, Jan nous a appris que son épouse venait de mourir après une longue maladie. Il était très triste, encore en plein processus de deuil et bouleversé dans sa vie professionnelle : Ilse était aussi, depuis le début de sa pratique, la technicienne en radiologie qui l'assistait dans son travail. Mais, si nous voulions bien accepter sa compagnie, il tenait à venir célébrer avec nous. Un peu avant sa mort, elle lui avait fait promettre qu'il irait à Lisbonne pour son anniversaire, et que nous boirions alors tous les trois en nous souvenant d'elle. Même si cette mort jetait un voile de mélancolie sur nos célébrations, nous avons décidé d'accompagner le brave Jan dans ce moment de grande nostalgie. Ensuite, nous prendrions le train pour commencer à marcher depuis San Sebastian.

Il s'agit d'une histoire attendrissante, que je raconte ici avec un peu d'hésitation, même si elle est réellement arrivée. Si je l'avais lue dans un roman, elle m'aurait agacé à cause des coïncidences qu'elle comporte. Cela arrive rarement dans la vie de tous les jours. Pourtant, au long de nos voyages, sans trop savoir pourquoi, nous avons souvent fait de ces rencontres étranges et parfois émouvantes, dégageant un parfum de mystère ou d'irréalité. Serait-ce que pendant les voyages les gens sont plus ouverts aux confidences parce qu'ils s'attendent à ne plus jamais se rencontrer ?

Nous arrivons à Lisbonne le matin du 4 mai. Jan arriva plus tard dans la journée. Nous passons à son hôtel pour lui laisser une bouteille de *bagaço* en guise de bienvenue et nous partons nous promener. Le soir, il nous rejoint dans notre restaurant habituel, où nous noyons dans l'eau-de-vie les détails sur la longue maladie et la mort de son épouse. Bourrés mais déjà moins mélancoliques, nous nous donnons rendez-vous le lendemain soir pour tenter de retrouver le restaurant où Jan avait célébré avec son Ilse, cinq ans auparavant.

Jan n'arrive pas à se souvenir du restaurant et nous finissons par aller au superbe Casa do Alentejo, car il tient à un endroit chic pour raviver ses souvenirs. Le repas qu'il nous offre est de grande classe, en effet, abondamment arrosé de Cabeça de burro, le vin d'un cépage portugais dit primitivo, très corsé et odorant. Nous continuons ensuite aux eaux-de-vie sur la

terrasse du bar Nicola, sur le Rossio. Tard dans la nuit, bourrés de nouveau, c'est comme si son Ilse est en notre compagnie
pour l'aider à sourire. Il est très ému de célébrer ainsi avec nous
et cela nous fait du bien à tous.

Le lendemain, c'est à mon tour de régaler, toujours dans
notre restaurant de la rue des Correeiros. Le patron et la
patronne ont été avertis d'avance quant à mes préférences : ce
sera un festin de fruits de mer. Mais ils choisiront eux-mêmes
les ingrédients, pour me surprendre comme ils l'avaient fait
cinq ans auparavant. Cette idée les divertit, car elle leur permettra de s'approvisionner au marché de denrées qu'ils ne
servent pas à leur modeste clientèle habituelle. Quand nous
arrivons dans la soirée, les patrons et les garçons ont l'air très
contents de la surprise qui nous attend. Après les apéritifs
et les toasts pour mon anniversaire, d'un pas solennel, voilà
qu'ils apportent de la cuisine un immense plateau sur lequel
repose une magnifique pièce montée de fruits de mer : tourteaux, langoustines, moules, huîtres et palourdes, et d'énormes
crevettes entrelacées de pattes de poulpe, le tout savamment
arrangé en forme de sculpture marine. Avant que nous atta-
quions le festin, le patron demande la permission de photographier l'ensemble pour le publier sur son site Internet, lié à
celui du ministère portugais du Tourisme. Cela va rehausser la
réputation de son restaurant et rendre jaloux les autres restau-
rateurs du coin. Dans les photos prises par Ilse à ce moment-
là, notre ami Jan, en bon Norvégien amateur de fruits de mer,
a l'air ravi.

C'est un repas délicieux, que l'on doit attaquer avec les
doigts et qui se laisse étirer en longueur pour permettre une
copieuse dégustation de vins blancs. Il faut casser les carapaces

des gigantesques tourteaux; chacun de nous reçoit à cet effet une planchette de bois et un marteau. C'est divertissant et assez bruyant. Peu à peu, à mesure que la soirée avance, nous démolissons la pièce montée. Ensuite, par pure gourmandise, nous finissons le repas avec une grosse platée de calamars farcis au chorizo. Au dessert, des fraises à la crème arrosées de porto. Les cafés et la bouteille de *bagaço* complètent la fête. J'ai soixante-cinq ans et je suis ému d'avoir ma bien-aimée à côté de moi. Mais le sort de notre ami Jan nous laisse plus pensifs à mesure que nous buvons. Serons-nous encore là dans cinq ans ? En tout cas, nous nous faisons de nouveau la promesse de revenir célébrer en 2014, si la camarde ne nous a pas rattrapés entre-temps.

.

Le samedi 9 mai, nous sommes à la gare pour prendre le train de nuit en direction de Paris, qui doit nous conduire à San Sebastian, en Espagne. Le wagon n'est pas plein; nous sommes seuls dans un compartiment de quatre couchettes, ce qui est parfait pour siroter en toute intimité notre bouteille de *bagaço* en attendant le sommeil. Il pleut beaucoup, mais le balancement du train qui avance lentement est très agréable. La ligne à haute vitesse (TGV) commence seulement en territoire français. Nous sommeillons par moments, la tête pleine d'images, mais chaque arrêt dans les gares désertes attire trop notre curiosité et la nuit se passe ainsi comme une longue aventure.

Le jour n'est pas encore levé quand nous descendons à San Sebastian, toujours sous une pluie battante. Il faut sortir nos capes pour protéger nos sacs à dos pendant la marche jusqu'au bord de la mer, à la recherche d'un hôtel. Au contraire de la dernière fois, nous en trouvons un facilement, où l'on nous fait un bon prix à cause de travaux extensifs sur toute la façade de l'immeuble. Les fenêtres sont couvertes de bâches et l'établissement a l'air fermé. C'est une véritable aubaine et un coup de chance, cet hôtel presque vide, car nous sommes en plein dans la semaine du Festival du film. Notre première promenade va, naturellement, dans la direction indiquée par les flèches jaunes du chemin vers Saint-Jacques-de-Compostelle. Ilse insiste pour qu'on les suive au moins jusqu'à la sortie de la ville, histoire de bien nous orienter pour le lendemain matin. Durant la promenade, la pluie cesse et un vent fort chasse peu à peu les nuages ; dès midi, le soleil fait son apparition. C'est de bon augure, même si dans notre guide le Camino del Norte est décrit comme étant souvent balayé par de grosses pluies venant du golfe de Biscaye. Plus tard, nous nous consacrons à une longue tournée de tapas et de vins dans les bistrots de la vieille ville, et nous allons dormir de bonne heure pour nous remettre de la fatigue de la nuit précédente.

Nous partons de bonne heure de San Sebastian en direction de Zarautz. Le temps reste au beau fixe et le soleil cogne déjà très fort. Le sentier est superbe ; il grimpe dans des montagnes et nous avons toujours le spectacle de la mer à notre droite. Suivent des descentes à pic par des terrains fort accidentés et nous nous retrouvons alors sur le sable d'immenses plages encore désertes en cette époque de l'année. Et pour cause : la mer est très froide. Une fois arrivés à la fin de l'étape, il ne sera pas difficile, comme partout ailleurs, de trouver une chambre dans un hôtel. Même les villages de villégiature sont encore vides, avec la plupart de leurs commerces fermés. Le jour suivant, à Deba, nous sommes les seuls clients de l'hôtel ; on nous offre une chambre avec balcon donnant sur la plage.

Le Pays basque est très beau, du moins dans les portions par où nous passons ; les forêts et les pâturages nous rappellent ce que nous avons connu en Suisse. Sauf qu'au lieu des vaches, nous croisons des troupeaux de moutons. Et c'est un grand plaisir d'avancer toujours seuls parmi une nature exubérante, remplie de floraison printanière.

Un jour, nous arrivons dans la ville de Markina-Xemein après une étape ardue de neuf heures de marche ininterrompue à travers des chemins vallonneux. L'hôtel indiqué dans notre guide, le seul de la place, a fermé ses portes il y a plus de six mois. Il nous reste la solution de prendre un car pour Guernica afin d'y chercher un lieu d'hébergement. Nous attendons en compagnie d'autres personnes à l'arrêt du car, mais ce dernier n'arrive pas. Notre présence attire la curiosité des gens, peu habitués à croiser des pèlerins. Comme le car n'arrive toujours pas, une dame appelle son mari pour qu'il vienne la chercher en auto. Et ils offrent de nous emmener non pas à Guernica, mais jusqu'à leur village, Lekeitio, tout proche, où ils connaissent un hôtel. Ce n'est pas sur notre chemin, mais ils insistent en vantant la beauté de l'endroit. La nuit va bientôt tomber ; nous acceptons alors d'accompagner ce couple sympathique. Nous n'allons pas être déçus. La ville de Lekeitio, un petit port de mer, est en effet ravissante, et ils nous dénichent un hôtel sur la plage, en face de l'île San Nicolas. Une île fort jolie, distante d'à peine une centaine de mètres de notre fenêtre. Et le couple repart, en nous souhaitant « *Buen camino !* » Le soir, toute la population de Lekeitio est dehors, sur la place et dans les nombreux bars, pour assister au match de foot entre l'Athletic Bilbao, l'équipe basque, et le Barça. Nous sommes ainsi au milieu d'une véritable fête, que nous devons au couple de samaritains et à l'hôtel fermé de Markina-Xemein. Ces incidents de parcours et ces rencontres souvent inattendues vont se poursuivre au long du voyage, pour nous obliger à dévier de nos itinéraires et ainsi enrichir nos journées. Depuis que nous avons appris à être plus flexibles et plus aventureux, nos marches s'avèrent pleines d'imprévus et de trouvailles intéressantes.

Le lendemain, nous sommes à Guernica, sous une pluie fine. La ville est moins belle que ce à quoi nous nous attendions, car elle a dû être entièrement reconstruite après les bombardements nazis d'avril 1937. Les murs de l'enceinte et tous ses édifices du Moyen Âge ont été ensevelis sous les décombres, entraînant dans la mort plus de deux mille personnes. C'est émouvant de nous recueillir devant les vestiges du chêne ancestral du peuple basque. Vieux de plusieurs siècles, il était le lieu des assemblées populaires et de la cour de justice. Seul son tronc subsiste aujourd'hui, entouré de colonnes au milieu d'un jardin, en tant que monument à la liberté des Basques.

Nous gagnons ensuite Bilbao en car, où nous resterons deux jours à flâner. Notre marche continue les jours suivants par des sentiers longeant la mer, soit sur les hauteurs, soit au bord des plages, mais toujours seuls. Et les étapes se succèdent, fort agréables : Castro Urdiales, Islares, Laredo. Le matin, en sortant de Laredo, nous savons que nous devons prendre un bac pour traverser vers Santoña, sur l'autre rive du bras de mer. Au bout de la longue jetée sablonneuse, nous ne trouvons pas de signe de quai d'embarquement. Juste une plage vide et personne alentour pour nous renseigner. Pourtant, c'est bien là que nous devons trouver un traversier. Soudain, sur l'autre rive, nous apercevons un petit bateau qui se met en branle dans notre direction. Étonnamment, il s'agit du bac de passage. Il s'approche lentement, se pose sur le sable ; le batelier descend une courte échelle pour nous accueillir.

— Comment saviez-vous que nous voulions passer ? lui demandé-je.

— Je vous ai vus avec vos sacs à dos, répond-il, comme s'il s'agissait de la chose la plus naturelle au monde.

Quelques minutes plus tard, il nous dépose sur l'autre rive. Et nous repartons, fort surpris de ce traversier minuscule dans un endroit pratiquement désert, et de ce batelier qui doit continuellement guetter au loin pour savoir s'il a des clients.

Ensuite, les étapes de Argoños, Loredo et enfin Somo, où nous devons prendre un autre bateau sur ces côtes parsemées de bras de mer pour gagner Santander. Puis, le car jusqu'au village médiéval de Santillana del Mar, que Sartre qualifie dans *La nausée* de plus beau village de toute l'Espagne. Je ne sais pas s'il est vraiment le plus beau, mais il est magnifiquement conservé. Je me souviens, amusé, du roman de Lesage, *Gil Blas de Santillane*, que j'ai lu durant mon adolescence. Nous y restons deux jours, ce qui nous permet d'aller visiter les grottes d'Altamira à quelques kilomètres de là. Les magnifiques peintures rupestres que ces grottes recèlent sont émouvantes pour le peintre que je suis. Je ne peux pas m'empêcher de penser que les auteurs de ces peintures, exécutées 14 000 ans avant notre ère, dessinaient beaucoup mieux que les finissants des écoles de beaux-arts de nos jours. Cela en dit long sur la bêtise entourant l'art qu'on appelle contemporain.

Après Santillana, nos journées de marche nous conduisent à Comillas, à Unquera et à Ribadesella. Sur quelques tronçons du chemin, nous empruntons des cars locaux pour éviter soit les fortes pluies, soit les zones industrielles. Le 29 mai, nous sommes déjà à Villaviciosa, où le Camino del Norte bifurque vers le sud, en direction d'Oviedo, et vers l'ouest, par la côte en direction de Gijón. C'est ce dernier parcours que nous choisissons, car nous tenons à continuer à marcher au long de la mer pour tenter de gagner A Coruña. Mais cela ne va pas être facile. Notre guide décrit plutôt le trajet par le sud, celui qui traverse les monts Cantabriques, et nous devons maintenant nous débrouiller seuls pour trouver les bons sentiers. Il va sans dire que nous nous égarons à maintes reprises, surtout que cette portion est rarement fréquentée. Dans certains endroits broussailleux, nous devons littéralement ouvrir notre passage à travers les ronces avec nos bâtons de marche pour retrouver les vestiges du chemin.

Nous avançons malgré tout. Même les quelques étapes de presque 30 km ne nous causent pas trop d'inconfort. Mais l'absence d'orientation précise et la pluie continuelle commencent à gâcher un peu le plaisir de la marche. Cadavedo, Luarca, La Colorada, Navia, des villages et des petits ports de mer d'une grande beauté, même sous la pluie ou dans un épais brouillard. Tôt le matin, il fait assez frais et humide, avec des vents venant du large. Mais les journées sont chaudes maintenant, au début juin; lorsque le soleil apparaît, il cogne fort, et nous devons nous dépouiller de quelques couches de vêtements au fur et à mesure de la marche.

Arrivés à Ribadeo, nous décidons enfin d'écourter le parcours et d'aller aussitôt à A Coruña en train. Nous avons l'intention de parcourir au moins quelques étapes du court Camino Inglés, qui relie cette ville à Santiago de Compostela. Les fortes pluies des jours suivants nous obligent cependant à renoncer à ce projet et à finir plutôt le voyage en car. Je me sens ému d'arriver à Santiago, cette ville adorable que je pensais, encore une fois, ne plus jamais revoir. À quand notre prochain voyage vers cet endroit qui nous attire comme un aimant spirituel ?

Sans aucun doute, ce Camino del Norte est le plus beau de tous les chemins menant à Santiago. Mais il est en effet le plus difficile, même pour les marcheurs aguerris, et pas seulement à cause de son relief montagneux et de ses descentes abruptes en direction des plages. Les ressources pour le marcheur au long des étapes sont rares, et nous n'avons vu que très peu de gîtes publics. L'amateur de poissons et de fruits de mer peut par contre s'y régaler, car le plus souvent il séjournera dans un petit port de mer. La signalisation confuse ou tout bonnement absente rend certaines journées de marche un peu agaçantes. Mais le marcheur est toujours certain d'avancer dans des paysages grandioses et il est assuré de la solitude propice à la rêverie et à la rencontre avec soi-même. Peut-être qu'avec le passage des ans le Camino del Norte deviendra aussi peuplé de pèlerins que le Camino Francés. Ou peut-être pas. En tout cas, de toutes les longues randonnées que nous avons faites au moment où j'écris ces lignes, c'est ce chemin au long de la côte nord de l'Espagne qui nous a le plus émerveillés.

Six

Je me suis beaucoup diverti pendant l'écriture de mes nouvelles, sans doute beaucoup plus que durant la création d'un roman. Une fois que j'ai eu terminé la relecture de mes classiques, j'ai parcouru la liste de sujets que j'avais accumulés pour choisir ceux qui pourraient constituer un ensemble harmonieux, en vue d'un premier recueil. Le thème de la dissimulation s'est imposé spontanément à mon esprit, sans doute parce que je l'avais déjà abordé à quelques reprises dans mes romans. La dissimulation — distincte du simple déguisement — est une attitude spécifiquement humaine. Elle peut atteindre des sommets de sophistication ou même constituer une façon permanente d'être au monde, d'où son intérêt pour un artiste préoccupé par l'analyse existentielle. Le mensonge, qui est une variante de la dissimulation, va d'ailleurs de pair avec la fabulation ; cette dernière a joué un rôle important dans ma propre vie imaginaire depuis mon enfance. Et la création de simulacres, une autre variante, est l'essence même du travail de l'écrivain et du peintre. Ainsi, c'est avec un grand plaisir que je me suis attelé à l'étude des dissimulations quotidiennes des gens simples ou des tricheurs, qui tentent de travestir les apparences sans intention artistique proprement dite.

Sergio Kokis, *Sentier 6*, huile sur masonite, 51 cm × 61 cm, 2014.

La pratique du récit court ressemblait d'une certaine manière à ma façon nouvelle de peindre mes paysages en petit format, par des pochades rapides et par le travail sur divers tableaux à la fois. Une fois choisi le thème principal du recueil, comme pour mes chemins qui ne mènent nulle part, je me suis abandonné au plaisir léger de composer mes nouvelles. Un plaisir presque frivole si je le compare au travail intellectuel de longue haleine qu'est la création d'un roman. Mes nouvelles apparaissaient ainsi les unes après les autres, presque comme par miracle, parfois après une seule séance d'écriture. C'était un exercice assez reposant et varié. Chaque jour, je choisissais un sujet différent comme on choisit son repas dans un restaurant ; je m'amusais alors à mon tour à jouer le jeu des dissimulations avec un lecteur imaginaire, de manière à obtenir des chutes imprévues.

Dans le récit court, j'avais aussi l'occasion d'explorer des situations cocasses, grotesques ou anachroniques, que je n'aurais pas trouvées appropriées comme sujet d'un roman. Du moins de mes propres romans, car le comique et la satire restent à la surface des gens et des choses. Aussi, je pouvais mettre en scène des personnages qui me déplaisent ou des situations curieuses mais dépourvues de profondeur. Au contraire de ce qui se passe durant l'écriture d'un roman, je ne devais pas vivre longtemps en leur compagnie ; quelques heures à peine de travail et je pouvais ensuite les chasser de mon esprit. Par ailleurs, une caractéristique intéressante des nouvelles était la possibilité de travailler sur des scènes dont j'ignorais la suite, que je pouvais laisser inachevées. Ces ruptures ou ces vides téléologiques me laisseraient frustré dans un roman, où je m'attends à des destinées et non pas à de simples situations découpées au hasard dans la trame du temps. Le fait de me mettre en scène en tant qu'interlocuteur ou observateur du drame ouvrait aussi des occasions intéressantes pour l'exploration de divers aspects de la nature humaine. Somerset Maugham, en particulier, a fait un usage extensif de cet artifice formel dans ses nouvelles ; il obtenait ainsi de curieuses perspectives sur le monde de ses personnages sans être obligé de passer par de longs préambules ou explications.

Je crois que l'écriture de nouvelles excite davantage ma créativité que celle d'un roman. Du moins, c'est ce que je pense avoir vécu tant en richesse qu'en intensité d'idéation. Le roman me tient captif de son monde et des destinées qu'il comporte, et je m'abandonne à sa dynamique propre durant de longues périodes. Du fait de son inachèvement, de son ouverture vers le passé et vers l'avenir, la nouvelle me renvoie à moi-même pour que je tente ensuite de la compléter, pour arriver à comprendre comment les choses en sont arrivées là et comment elles pourraient continuer à se développer. La distinction ressemble à celle qui existe entre un tableau et un dessin. Un tableau — selon ma façon de peindre — doit être un univers fermé, dans lequel je cherche à capter le regard du spectateur sans lui laisser de lieux de fuite. Je tiens à ce qu'il reçoive mon tableau à ma manière, qu'il soit prisonnier de ce que j'ai voulu lui montrer. Un dessin, au contraire, est un espace ouvert pouvant mener dans diverses directions selon le regard de celui qui se l'appropriera. Le spectateur devra alors mettre en branle son propre monde spirituel pour aller dans la direction qui convient le mieux à sa personne ou au moment de son existence. Dans ce sens, comme la nouvelle ou le poème, le dessin a besoin d'un partenaire beaucoup plus éveillé ou imaginatif pour se déployer, car ses lectures sont multiples.

Le roman est, quant à lui, un travail de longue haleine, une course de fond ou un véritable pèlerinage. Comme pour une symphonie, l'auteur doit harmoniser non seulement des situations complexes, avec une temporalité variable, mais aussi une série de personnages autour du même noyau narratif. Le roman peut même comporter plusieurs thèmes se déroulant parallèlement. La nouvelle ressemble davantage à une course de cent mètres, où chaque foulée a une importance radicale. L'action ou les personnages ont peu de temps et d'espace pour se déployer et exigent alors une maîtrise maximale à chaque phrase. Naturellement, en ce qui me concerne, la profondeur d'analyse des personnages est bien différente dans les deux genres. Le roman peut être comparé à une psychothérapie ou à une longue vie conjugale, tandis que la nouvelle serait une rencontre d'un soir au cours de laquelle on peut apprendre à connaître quelqu'un un petit peu. Mais il ne faut pas oublier que les grands artistes — je pense encore à Somerset Maugham — sont capables de mettre à nu une âme après une simple scène de conversation dans un bar.

Ces exercices intensifs dans un nouveau domaine littéraire m'ont permis d'oublier complètement, pendant quelques mois, le roman *Clandestino*. Quand j'y suis revenu après avoir bouclé mon premier recueil de nouvelles, la bonne façon de le mener à terme m'est apparue clairement. Il resterait le roman d'action que j'avais souhaité, mais le personnage de Tomás Sorge gagnerait une profondeur que je n'avais pas entrevue jusqu'alors. En outre, le thème du jeu d'échecs, que j'avais d'abord conçu comme un simple détail de sa vie en prison, deviendrait le leitmotiv à la fois du contenu et de la structure même du récit. L'histoire de la vengeance perdrait son caractère purement passionnel pour devenir une partie d'échecs, et *Clandestino* deviendrait ainsi un Kokis comme les autres. En peu de temps, je le réécrirais au complet avec un sentiment d'immense satisfaction.

·

Au printemps 2010, j'avais en ma possession deux nouveaux livres, *Dissimulations* et *Clandestino*, et je me documentais déjà pour l'écriture de mon prochain roman. Si je continuais à écrire au même rythme, sans avoir un éditeur chez qui me débarrasser de mes inédits, je laisserais une série d'œuvres posthumes, accumulées comme le fatras de tableaux et de dessins dans mes entrepôts. Qui plus est, je ne saurais jamais si mes nouvelles étaient à la hauteur de mes romans. Il me fallait l'avis d'un expert en nouvelles pour tirer mes doutes au clair. J'ai alors pensé à m'adresser à Gaëtan Lévesque, qui s'était retiré dans l'anonymat depuis la vente d'XYZ éditeur. En tant que fondateur et responsable de la revue de la nouvelle *XYZ*, il saurait sans doute me conseiller et peut-être même m'orienter dans le choix d'une maison d'édition.

Gaëtan Lévesque est un homme subtil, tout en nuances et d'une grande sensibilité. J'avais toujours respecté son intelligence et son sens critique pince-sans-rire. Je savais par ailleurs qu'au contraire de son directeur littéraire de l'époque, il admirait mes livres. À travers nos conversations du passé, j'avais pu percevoir que ses goûts littéraires étaient courageux et judicieux, ce qui n'est pas monnaie courante dans notre milieu littéraire.

Nos retrouvailles se sont très bien déroulées. Gaëtan Lévesque m'a appris alors qu'il était en train de fonder une nouvelle maison d'édition, Lévesque éditeur, et qu'il serait dorénavant son propre directeur littéraire. Après avoir pris connaissance de mon recueil de nouvelles, il m'a proposé de le publier immédiatement. Qui plus est, il me faisait une offre que peu de vieux écrivains ont eu le privilège de recevoir : si je signais un contrat pour l'édition de mes quatorze livres, il les publierait tous en l'espace de seulement deux ans. Mon œuvre ferait alors partie du fonds de sa nouvelle maison. D'autres auteurs de prestige l'avaient déjà approché pour lui offrir leurs livres, qu'il commencerait à publier bientôt. Comment ne pas me réjouir d'un développement si inattendu ? J'ai aussitôt accepté son invitation et je lui ai donné aussi le roman *Clandestino*. Je n'étais plus dans les limbes, mes livres allaient avoir une nouvelle vie et j'étais désormais certain d'être en bonne compagnie !

.

Fin août 2010, Ilse et moi nous envolons en direction de Hambourg, via Zurich. Notre projet est de parcourir une portion du Sentier européen de grande randonnée, le E-1. Il s'agit d'un très long sentier, qui part de Grövelsjön, à la frontière entre la Suède et la Norvège, et qui traverse le Danemark et l'Allemagne en direction sud. Le Trans Swiss Trail 1, que nous avons parcouru en direction de Lugano, est sa portion suisse. Le E-1 continue ensuite en Italie pour finir dans la ville de Scapoli. Nous voulons parcourir le tronçon allemand dans la région du Schleswig-Holstein, depuis Flensburg, près de la frontière danoise, pour descendre dans la lande de Lüneburg. Pourquoi cette portion-là plutôt qu'une autre ? Simplement parce que depuis longtemps cette région me fait rêver, à cause du peintre Emil Nolde et du sculpteur Ernst Barlach ; j'admire leurs œuvres et j'ai lu leurs biographies respectives, où il est souvent question du Schleswig-Holstein.

Ilse connaît déjà Hambourg, pour y avoir vécu et travaillé durant sa jeunesse. Mais moi, je suis agréablement surpris : je ne m'attendais pas à tant d'espaces verts, à tant d'arbres dans les rues ni aux magnifiques canaux qui traversent la ville. Le gigantesque port, que je connaissais par la lecture de nombreux romans, est impressionnant. Mais aussi la Reeperbahn, un des quartiers de cabarets, de bordels et de drogués parmi les plus célèbres au monde. Ses ruelles sont bardées de graffitis superbes, parmi une saleté repoussante où gisent des ivrognes et des clochards aux allures d'extraterrestres. J'ai enfin l'occasion de comparer mes images mentales de cette Reeperbahn avec la réalité et je ne suis pas déçu : l'endroit est vraiment pittoresque dans le sens expressionniste allemand du terme. J'imagine facilement des putes et des marins d'Otto Dix, ou Nosferatu lui-même arpentant ces ruelles sous des éclairages sinistres, pleins d'ombres en diagonale.

Avant de nous rendre à Flensburg, nous décidons de marcher toute la longueur du Nord-Ostsee Wanderweg, sur les berges du canal qui traverse le Schleswig-Holstein. Nous partons ainsi du village de Meldorf, sur la mer du Nord ; après cinq magnifiques journées de marche, nous arrivons à Kiel, sur la Baltique. Le tracé de cette randonnée suit presque toujours celui d'une piste cyclable, ce qui en fait une délicieuse promenade en terrain plat. Jour après jour, nous essuyons de grosses averses suivies de belles éclaircies, toujours avec de forts vents de l'ouest qui nous poussent dans le dos. Et sur le canal, juste à côté de nous, le spectacle continuel de yachts et d'autres petites embarcations, de cargos, de porte-conteneurs et même de gigantesques bateaux de croisière aux allures de buildings.

Et puis, le train vers Flensburg, d'où nous partons sur le E-1 en direction sud. Le terrain est toujours plat, souvent sans la moindre colline en vue. Le tableau est celui d'un ciel immense sur les pâturages d'un vert intense, très bas sur la ligne d'horizon. Les mêmes paysages que j'admire tant dans les œuvres de Nolde, avec des cieux chargés d'expressivité, en particulier lors des couchers de soleil. Pour la première fois, je comprends la force de ses paysages, et je me promets d'essayer moi aussi de rendre des cieux semblables dès que je serai de retour dans mon atelier.

Nous avançons sans aucune difficulté, la plupart du temps tout seuls, ce qui nous pousse au silence et à la rêverie durant des heures d'affilée. Certains jours ou dans certaines portions du périple, nous sommes obligés de prendre des cars locaux pour éviter de traverser des régions marécageuses. Nous arrivons de bonne heure aux étapes et il n'est pas difficile de trouver des hôtels à des prix abordables. Nous avons ensuite tout le temps qu'il faut pour visiter les villes magnifiques de cette région et pour nous attabler paresseusement dans les brasseries. Le soir, nous prenons des repas de poissons et de fruits de mer, que nous alternons avec les délicieux labskaus[1] et les plats de viande marinée typiques de la région. Schleswig,

---

1. Plat des marins composé de pommes de terre pilées, d'oignons, de viande salée, de hareng saur, de concombres marinés et de betteraves rouges.

Eckernförde, puis Strande, où nous prenons un bateau pour regagner Kiel. Les jours suivants, le chemin nous conduit à travers la région d'Eutin, avec ses lacs et ses parcs naturels, pour rejoindre ensuite la côte. Il fait beau et chaud. Nous marchons parfois sur le sable, le long de plages désertes avant de retrouver des forêts et d'autres pâturages, sans jamais rencontrer d'autres marcheurs. La signalisation du sentier est assez bonne ; nous nous égarons une seule fois durant tout le voyage. Une fois arrivés à Travemünde, nous ne résistons pas à la vue d'un bateau dans le port, et nous nous embarquons de nouveau pour gagner Lübeck par la mer. Ces voyages en bateau nous ravissent tout à fait, car ils ajoutent une saveur nouvelle d'aventure marine à nos balades. Il ne faut pas oublier que je suis un amateur passionné des œuvres de Melville et de Conrad.

Nous passons deux jours à Lübeck, où nous avons l'occasion de souper au restaurant de la corporation des armateurs, le Schiffergesellschaft. C'est un endroit superbe qui date du temps de la Hanse maritime, aux murs patinés par la fumée des siècles et décorés de tableaux d'époque et de modèles de bateaux. Son labskaus et sa viande marinée, en des portions pour marins affamés, sont célèbres partout dans l'Allemagne du Nord. Après Lübeck, le sentier nous conduit à Ratzeburg et à notre première déception du voyage : le musée Ernst Barlach est fermé et une exposition sur l'œuvre de Käthe Kollwitz vient de se terminer. Cela nous attriste, car nous sommes aussi de grands admirateurs de cette artiste extraordinaire.

Nous gagnons ensuite Mölln, la ville de Till Eulenspiegel, avec sa partie ancienne magnifiquement restaurée. Quelques jours plus tard, nous nous promenons dans la lande de Lüneburg ; le ciel bas et la végétation aux accents gris parmi les brouillards me font penser aux paysages décrits par Conan Doyle dans *Le chien des Baskerville*. Enfin, après un mois de randonnées et de promenades variées, nous nous trouvons à Hildesheim, au sud de Hanovre, prêts à mettre un terme à notre voyage. Mais nous sommes si proches de Stuttgart, dont le musée d'art possède une belle collection d'œuvres d'Otto Dix... Impossible de résister à la tentation, surtout que j'ai autrefois envoyé là-bas Max Willem, le personnage de *L'art du maquillage*, justement pour étudier les peintures de cet artiste. Otto Dix est le peintre moderne que j'admire le plus et avec qui je me sens le plus d'affinités, tant dans le contenu que dans la forme. Malgré ma connaissance approfondie de son travail et de sa vie, ma fréquentation de ses tableaux et de ses gravures s'est faite presque exclusivement à travers des livres d'art. Me rendre à Stuttgart pour me recueillir devant ses œuvres a donc beaucoup plus le sens d'un pèlerinage que tous mes voyages à Compostelle.

Nous descendons du train à Stuttgart au milieu d'une grande manifestation populaire pour protester contre le projet absurde consistant à détruire la magnifique gare centrale. C'est très animé et bruyant, la place attenante est remplie de gens, d'affiches et de policiers, alors que les machines lourdes et les marteaux-piqueurs entament déjà des portions de l'édifice. Au bureau du tourisme, on nous apprend que tous les hôtels sont pleins à cause d'une foire internationale du commerce. Apitoyée par notre apparence de randonneurs fatigués, la réceptionniste nous déniche cependant une chambre dans un foyer d'hébergement pour vieilles diaconesses, c'est-à-dire les bonnes sœurs chez les protestants. C'est fort insolite ; nous nous y rendons en nous attendant au pire. Mais l'endroit est moderne et plutôt sympathique. Les diaconesses nous accueillent avec le sourire et nous dirigent vers l'étage, où elles tiennent un vrai hôtel pour accueillir des voyageurs. Nous faisons cependant attention qu'elles ne remarquent pas les bouteilles d'eau-de-vie prévues pour nos *nightcaps* habituels.

Le lendemain, au musée d'art, je me délecte d'abord des peintures de Dix, tout en regrettant que certaines ne soient pas accrochées à ce moment-là. Et pour cause. Dans la boutique du musée, j'apprends avec incrédulité une nouvelle ravissante : une grande rétrospective sur l'œuvre d'Otto Dix a lieu en ce moment à New York, et l'exposition se déplacera ensuite à Montréal ! Oui, à Montréal, lorsque nous y serons de retour ! Ce véritable miracle efface toute ma mélancolie reliée à la fin de notre voyage.

.

Gaëtan Lévesque a tenu parole sur toute la ligne. Dès notre retour, il m'a accueilli avec des exemplaires frais imprimés de *Dissimulations*, du *Pavillon des miroirs* et du *Sourire blindé*, dans une présentation superbe. Quelques semaines après, il me donnait aussi *La gare* et *Le retour de Lorenzo Sánchez*, et il m'annonçait la parution des autres titres pour dans quelques mois. J'étais ravi face à ce coup de chance qui me tombait du ciel à l'âge de soixante-six ans.

Ragaillardi par la certitude que tous mes livres reviendraient à la vie, j'ai enfin eu le courage de tenter l'écriture d'un roman qui me hantait depuis longtemps. Sans doute que la visite à Hambourg et la longue randonnée sur les rives de la mer Baltique ont aussi contribué à me donner l'envie de

l'écrire. Il s'agissait de l'histoire de l'émigration de la famille
de mon père, depuis la province russe de Livonie jusqu'aux
forêts tropicales du sud du Brésil. Dans mon enfance, j'avais
glané quelques rares bribes de cette saga, sans jamais avoir pu
m'en faire une idée précise. Mon père était un homme plutôt
silencieux, peu enclin à raconter ce voyage ou d'autres détails
de son passé. Il ne maîtrisait ni le russe ni le letton, et son
manque d'instruction en langue portugaise lui fermait passablement la voie des récits complexes. Qui plus est, à cause de
la mort prématurée de son propre père, il avait dû abandonner de bonne heure sa famille pour aller travailler et gagner
sa vie. Cela l'avait aussi privé des récits que d'autres Lettons
auraient pu évoquer pour lui donner une vision plus cohérente
de ses origines. Ce que je possédais à ce sujet était bien mince :
l'image de la vieille bible en allemand dans les affaires de mon
père, une date et le souvenir d'une photo pâlie de ce grand-
père Waldemar, élancé, barbu et habillé à la russe. Outre sa
passion du jeu d'échecs, je savais qu'il était le responsable des
prêches dominicaux, de confession plus ou moins baptiste,
devant les membres de sa communauté. Peu avant mon départ
du Brésil, une nuit, alors que nous mangions des harengs salés
accompagnés d'eau-de-vie, seuls pour célébrer un Noël assez
mélancolique, mon père, déjà un peu ivre, m'a confié un autre
morceau du casse-tête : le grand-père Waldemar avait aussi été
un homme sensuel, amateur de compagnie féminine, et cela
avait causé sa perte. Si j'ai bien compris, il se serait fait tuer ou
blesser par balle à cause d'une histoire de jupons. C'était très
intrigant, surtout que mon père attribuait la tragédie de cette
immigration au Brésil aux épidémies de fièvre jaune du début
du siècle. Ce père disparu s'était cristallisé dans son esprit

comme la source majeure de ses propres difficultés durant l'enfance et de l'échec essentiel de sa propre vie. Son mépris de toute religion y avait sans doute sa source. Curieusement, cet échec s'accompagnait, d'aussi loin que je puisse me souvenir, d'inventions mirobolantes, de rêves extravagants de réussite sociale et d'un ressentiment profond envers le pays où il avait échoué.

C'était fort mince pour créer un roman. Il fallait donc que je l'invente de toutes pièces comme je l'avais fait pour mes autres livres. Mais ma curiosité au sujet de mes origines n'avait fait que grandir tout au long de ma vie, et elle a souvent orienté mes lectures vers ce qui se passait en Russie et dans les contrées baltiques. Après tout, la lettre *K* dans mon nom — absente de l'alphabet brésilien durant mes années scolaires — avait contribué au renforcement de mon identité en tant qu'étranger dans l'âme, futur citoyen du monde. Je trouvais important d'aborder cette histoire, du moins pour la harnacher définitivement, ne fût-ce que sous la forme d'une fable. J'espérais ainsi pouvoir penser ces origines nébuleuses et m'y référer par un récit cohérent et personnel que je posséderais dans ma bibliothèque. Cela peut paraître absurde de prime abord, j'en conviens. Mais les grands lecteurs savent que les œuvres de fiction ont le pouvoir de structurer le sens de notre être-dans-le-monde, souvent de manière plus pertinente que les faits réels. Maintes et maintes fois, cherchant à comprendre les situations dans lesquelles je me trouvais, j'ai eu ainsi recours aux romans qui avaient formé mon esprit et ma sensibilité. Dans le cas de mon propre mythe familial, ce roman-là faisait douloureusement défaut dans ma collection de livres. Bien sûr, si j'avais pu l'acheter dans une librairie, écrit par un historien savant, rigoureux et bien documenté, je n'aurais pas hésité à payer le gros prix. Devant cette impossibilité, j'allais devoir l'écrire du mieux que je le pouvais.

Depuis longtemps déjà, j'avais recueilli de nombreux documents familiaux, des photos, des récits de voyage et des biographies que les descendants d'immigrants européens en Amérique latine publiaient dans Internet. Il s'agit de sources précieuses, parfois naïves ou émouvantes, souvent des témoignages à la première personne, qui font surface après la mort des divers protagonistes. Je m'étais aussi bien renseigné sur l'histoire des bateaux de la HAPAG (Hamburger-Amerika Linie), spécialisés dans le transport d'émigrants vers les Amériques. Entre 1830 et 1934, plus de cinq millions de personnes, surtout originaires de la Russie et de l'Europe de l'Est — y compris des milliers de Juifs et d'anarchistes ukrainiens —, embarqués dans le port de Hambourg, ont traversé l'Atlantique à bord de ces navires. Mais, en dépit de mon abondante documentation, il me fallait user d'imagination pour récréer ces voyages. Si les bateaux de la HAPAG en direction de New York respectaient les normes de la Loi de Hambourg pour les émigrants de 1887 concernant les conditions de vie à bord, l'histoire était bien différente quand il s'agissait des petits cargos affrétés par le gouvernement brésilien de l'époque. Là encore, divers récits trouvés un peu partout m'ont aidé à raconter le voyage de ces gens de la façon que je crois être la plus proche de la vérité.

Il restait à camper les figures du grand-père Waldemar et de la grand-mère Martha au sein d'un village letton comme tant d'autres, isolé dans les plaines de Livonie, en 1905. J'avoue qu'une source d'inspiration pour créer mon héros a été le pasteur itinérant Ivan Jovanovic, que j'avais déjà mis en scène dans un roman précédent, *Kaléidoscope brisé*. Il n'y a rien d'étrange à me servir ainsi d'un personnage de fiction pour en créer un autre, ce dernier inspiré de la vie réelle. Dès qu'il sort du domaine des sensations immédiates dans la réalité palpable, l'esprit humain est le plus souvent en pleine fabulation. Et, dans le cas d'un roman ou de l'œuvre d'un artiste, c'est en faisant de tels rapprochements que la créativité se donne des ailes pour produire des récits intéressants. Peut-être même que mon Jovanovic, inventé plusieurs années auparavant, avait déjà quelque chose de ce mystérieux Waldemar qui m'habite depuis l'enfance. Lui et d'autres types encore qui peuplent mes histoires, des gens tiraillés entre le ressentiment, les rêveries ambitieuses d'aventures et les projets voués à l'échec. Quant à Martha, je l'ai connue déjà âgée et sénile, marmonnant toute seule dans un idiome que son entourage ne connaissait pas. Pourtant, curieusement, son visage et ses longs cheveux gardaient encore des vestiges de sa jeunesse révolue. Mais c'est surtout de sa fille — la demi-sœur de mon père — que je me suis inspiré pour décrire la beauté slave de la sorcière Alija. Voilà pour la famille.

Les événements historiques qui cadrent le récit sont tous vrais et bien documentés, y compris les épidémies de fièvre jaune qui dévastèrent des populations entières au Brésil, au début du siècle. Vraies aussi sont les circonstances qui conduisirent beaucoup de familles d'immigrants à la catastrophe dans les forêts du sud du pays.

Il va sans dire que je me suis beaucoup diverti en faisant ce voyage littéraire ; il me rappelait d'une certaine façon le vrai voyage que j'avais fait un jour, un véritable arrachement de la gangue du passé pour tenter le sort dans des contrées inconnues. Sauf qu'au contraire de ce qui se passe souvent dans mes autres romans, je me projetais davantage dans la figure de l'instituteur anarchiste que dans celle du personnage principal.

·

Le fil conducteur des nouvelles du recueil *Culs-de-sac* est celui des situations extrêmes, dans lesquelles le sujet se sent acculé au pied d'un mur et où il doit prendre une initiative pour tenter de sauver sa peau. Ce thème m'est cher, car à quelques reprises durant ma vie je me suis retrouvé ainsi coincé, obligé de créer des points de fuite originaux. Dans mon cas, ces ruptures des habitudes quotidiennes se sont avérées des occasions privilégiées pour donner lieu à de nouvelles aventures. Souvent, l'être humain trouve le courage de changer radicalement de direction seulement après avoir bu sa coupe jusqu'à la lie, pour renaître à une autre forme d'existence, peut-être plus libre et plus riche. Il faut, certes, du courage en ces occasions ; mais le dos contre le mur et la menace d'anéantissement contribuent passablement au sursaut d'énergie chez le sujet embourbé. L'énergie du désespoir est une force formidable, porteuse d'avenir. Par contre, comme cela arrive souvent chez les êtres humains, les passions qui les animent sont plutôt mesquines ou même grotesques et, vu de l'extérieur, leur désespoir est motivé par des situations presque cocasses. Cela donne lieu à la création de récits très humains, comiques ou d'une infinie petitesse morale, parallèlement à d'autres fort émouvants ou franchement tragiques. Une fois de plus, et davantage que pour mon recueil précédent, je me suis laissé inspirer par mon nouvelliste préféré, le pince-sans-rire Somerset Maugham.

.

Avec tant de livres déjà écrits et la lassitude de la vieillesse cognant plus fréquemment à ma porte, il m'est apparu qu'il était enfin temps de tenir ma promesse faite au mime Makarius dix années auparavant, dans les dernières lignes du récit *L'amour du lointain*. Si, comme nous l'avions convenu, j'attendais l'annonce d'une maladie en phase terminale pour écrire son histoire, je risquais de manquer à ma parole. Et j'avais, pendant ce laps de temps, accumulé beaucoup de matériel sur lui, y compris plusieurs scènes très précises qui s'empressaient dans mon esprit pour prendre vie sur papier. En fait, Makarius était très présent dans mes pensées et j'avais même l'embarras du choix quant aux diverses structures narratives que j'avais conçues pour ce roman. Mes recherches pour le rendre vivant avaient été si approfondies que je possédais jusqu'à une photo de lui ! Une vraie photo de lui à Berlin, dans les années vingt, comme s'il était possible de trouver dans le passé réel un personnage de fiction habitant uniquement mes propres fantaisies. J'ai par ailleurs une riche collection de livres sur l'art de l'époque de l'expressionnisme allemand et de la république de Weimar. Je trouve que, pour la peinture en particulier, cette époque a été la plus féconde du XXᵉ siècle ; sa richesse commence à peine à renaître de ses cendres après l'horreur du nazisme et la bêtise de l'après-guerre. À l'aide de cette documentation, je m'étais fait un plaisir de visiter cette époque qui m'est chère, sous le costume de scène de mon ami

Makarius. C'était pour mon propre plaisir avant tout que je le faisais rencontrer des personnages et des lieux artistiques de ce temps-là. Voilà l'une de mes manières de voyager, dans le temps et non pas dans l'espace, de manière à vivre des situations que le destin ne m'a pas offertes. Cela est très excitant et constitue un exercice capable de me faire avancer dans la connaissance de mon identité.

Par ailleurs, cette longue gestation fait de Makarius le personnage de fiction que j'ai le plus fréquenté durant ma vie d'écrivain. Sans aucun doute, cela lui confère une valeur projective importante par rapport à ma propre personne. Mais je ne suis pas encore — et je ne le serai peut-être jamais — en mesure de comprendre toute l'étendue de la fascination qu'il n'a cessé d'exercer sur moi depuis son apparition dans les premières pages de *Saltimbanques*. Un autre élément intéressant — dont je ne me suis aperçu qu'une fois l'écriture terminée — est que le parcours du mime ressemble beaucoup à celui de Waldemar dans *Amerika*, du moins selon les catégories formulées par Propp dans son livre classique sur la *Morphologie du conte*. Makarius part aussi des provinces baltiques de la Russie impériale pour aller mourir au Brésil, en passant par l'Europe et par les forêts tropicales. J'ignore toujours les implications de cette coïncidence. Est-ce que dans les romans de la trilogie du cirque le voyage de Waldemar jouait déjà un rôle inconscient ? C'est bien possible, et le pasteur Jovanovic est là pour le certifier. Voilà pourquoi je ne peux m'empêcher de penser que le travail du souvenir ressemble à celui de l'archéologue : effectuer des fouilles minutieuses à travers des strates accumulées par le temps, en prenant continuellement soin d'identifier les trouvailles des époques différentes, qui se mélangent selon les mouvements du terrain et les accidents des sédimentations successives. D'une manière analogue, c'est le va-et-vient entre les recherches du narrateur et la vie « réelle » du personnage principal qui m'a servi de structure narrative. Cela convenait parfaitement au processus même de gestation de l'histoire dans mon esprit, depuis le temps que j'avais commencé à m'entretenir avec Makarius. Quant au thème principal, c'est évidemment celui de la mort, selon les deux facettes qui m'intéressent : l'esthétique et l'existentielle. Et la progression des stations de la danse macabre dans l'imagination du graveur et dans les plaques gravées m'a servi de ligne directrice. La vie et l'art, main dans la main, pour aborder quelques-unes des figures de la mort qui me captivent depuis l'enfance.

L'écriture proprement dite du roman a été la plus longue de ma carrière d'auteur : plus de huit mois de travail intensif pour compresser un labeur de presque quinze années consécutives. Mais je suis content du résultat, surtout parce qu'il m'a permis d'exprimer par le langage narratif divers thèmes que j'avais déjà fréquentés à travers mes images plastiques. Je suis content du roman mais, aussi, sans doute, du fait que j'ai réussi à enterrer définitivement ce personnage qui me hantait. Cela s'est passé exactement comme avec mes cauchemars, quand j'arrive à les exorciser à travers un ou divers tableaux. Table rase, donc, pour passer à de nouvelles aventures.

•

Année 2012. Pour célébrer l'achèvement d'un livre aussi complexe que personnel, quoi de plus approprié qu'un long périple pédestre de presque 1 000 km ? Aussitôt l'idée évoquée, tentant de ne pas tenir compte de l'absurdité apparente d'un nouveau pèlerinage à Santiago de Compostela, mon épouse a été ravie. Parmi les sentiers plus importants, vers Santiago en Espagne, un seul nous manquait encore, celui de la Via de la Plata. C'est le chemin qui part de Séville en direction nord, suivant plus ou moins le tracé de l'ancienne chaussée romaine vers les villes d'Emerita Augusta (aujourd'hui Mérida) et d'Asturica Augusta (aujourd'hui Astorga). À Astorga, la Via de la Plata rejoint Santiago par le Camino Francés. Il s'agit d'un chemin mythique, rempli de sites historiques ; il nous fallait l'entreprendre pour satisfaire notre vice. Même si nous étions certains de pouvoir le parcourir, avec notre bonne forme physique, il restait la crainte de la chaleur excessive en Andalousie et dans l'Extremadura. Voilà pourquoi nous avons décidé de l'attaquer dès le début du printemps.

Nous arrivons à Séville via Amsterdam et Madrid, et nous commençons à marcher le 18 avril. Il fait un temps magnifique, avec des températures aux alentours de vingt degrés. Curieusement, au contraire de nos prévisions, tout au long du parcours nous endurerons seulement deux jours de canicule. Nous devons même très souvent garder nos vestes et nos coupe-vent, alors que les sommets montagneux au loin sont encore enneigés. Un temps idéal pour la marche, surtout que la grosse pluie nous surprendra uniquement la dernière journée avant l'arrivée.

Il m'est toujours difficile d'expliquer la sensation d'enthousiasme, presque d'euphorie qui nous assaille dès que nous amorçons l'un de ces sentiers de longue distance. Toujours la même impression de laisser en arrière notre existence habituelle et d'avancer enveloppés dans une sorte de liberté enfantine, ludique. Pourtant, cela n'a rien à voir avec la facilité ou la beauté du chemin. Même les difficultés en cours de route — et elles peuvent être nombreuses — nous paraissent amusantes. En effet, dès notre première journée sur la Via de la Plata nous faisons face à l'une de ces impasses qui ajoutent au plaisir de l'aventure. Ayant avancé d'un bon pas pendant 22 km, nous arrivons vers quinze heures à la fin de l'étape, la ville de Guillena. Contents d'être là si tôt, nous décidons de nous attabler immédiatement dans un restaurant pour un succulent repas, bien arrosé. La veille, nous avons réservé par téléphone le gîte dans une auberge du coin, et nous sommes donc certains de pouvoir faire la sieste en sortant de table. Mais non! On nous informe que l'auberge en question est en fait un peu plus loin, et qu'il nous faut emprunter un petit chemin de campagne bifurquant à la sortie de la ville. Il s'agit d'un chemin magnifique, complètement désert, serpentant et montant à travers des oliveraies et des chênaies. Un peu inquiétant, cependant, car nous ne trouvons plus les signes indicateurs de la Via de la Plata. Tant pis, une affiche délabrée à l'entrée de la route a annoncé notre auberge. Après une bonne heure de marche, nous apercevons au loin ce qui semble être une grande ferme, sans doute notre gîte. Mais les distances peuvent être trompeuses lorsque évaluées à l'œil nu. Au bout d'environ 8 à 10 km, nous arrivons enfin, exténués. Grosse déception! La ferme s'avère être plutôt un club pour amateurs de tir à la carabine et elle est vide en cette période de l'année. La gardienne de l'endroit, avec qui nous avons parlé la veille, nous accueille chaleureusement, tout en regrettant de n'avoir rien à nous offrir à manger. Les dortoirs qu'elle nous montre sont sales et minables, vides et assez sinistres. Impossible d'y rester et nous sommes en pleine campagne, à plus de deux heures de marche de tout village. Bientôt la nuit va tomber. À notre demande, elle nous fait venir un taxi de la région, et nous optons pour nous rendre directement à la deuxième étape, Castilblanco de los Arroyos, où il y aurait un hôtel. En chemin, le chauffeur nous apprend que, durant l'été, il peut faire jusqu'à cinquante degrés au soleil dans cette région ; quelques marcheurs s'y seraient même perdus et seraient morts d'inanition. Cela finit bien malgré tout pour nous. Ce chauffeur, un type fort sympathique, s'occupe aussi de l'élevage de taureaux pour les corridas. Il se fait un plaisir de nous donner un véritable cours sur les taureaux Miura et sur l'art de la tauromachie. Ilse et moi ne sommes pas amateurs de ces cruautés envers les animaux, bien au contraire. Mais il est fascinant d'entendre cet homme, passionné de ces bêtes féroces, nous entretenir sur les moindres détails de leur élevage, de leur entraînement et même de leur livraison aux *plazas de toros*. Il a vraiment l'air d'aimer ses animaux et d'être fier de leurs exploits.

Une fois à l'hôtel, après un autre repas bien mérité et arrosé d'eau-de-vie, contents de cette journée aventureuse, nous allons dormir d'un sommeil profond.

Le chemin continue les jours suivants sans autres imprévus. Au contraire du Camino Francés, la Via de la Plata est fort peu fréquentée, et nous marchons la plupart du temps sans rencontrer personne. Nous avançons facilement, par des étapes variant entre 15 et 25 km, car le temps reste assez frais pour la saison. Ce sont des sentiers ou des routes de campagne déserts, parmi les oliveraies et les champs de céréales d'un vert tendre. Et, partout, de douces collines à perte de vue, des fleurs sauvages multicolores et les immenses taches jaunes des cultures de colza. Les chênaies se font plus présentes après quelques jours de marche ; c'est que nous entrons dans la région de l'élevage du porc noir, le célèbre *cerdo ibérico pata negra*, avec lequel sont faits les meilleurs jambons de toute l'Espagne. Les porcs vivent en liberté sur de vastes terrains entourés de murets de pierres et s'alimentent justement des glands des chênes. Par moments, nous foulons les grandes dalles qui restent de l'ancienne chaussée romaine ; et nous avons aussi l'occasion de croiser quelques *milliarium*, ces tours de pierre qui marquaient autrefois les milles romains (mille pas d'un légionnaire) du chemin.

Nous atteignons El Real de la Jara, Monasterio, Zafra, Almendralejo et plusieurs autres villes et villages paisibles, où nous trouvons facilement le gîte dans des hôtels ou des pensions (*casas rurales*). Les prix sont fort convenables, car c'est la saison morte. Ici et là, nous faisons la rencontre de marcheurs espagnols très charmants, parfois avides de pratiquer leur français et de s'entretenir avec des étrangers. Et puis nous continuons seuls notre chemin. Pendant quelques rares étapes, à cause de la longueur excessive du tronçon ou de l'absence de gîte, nous devons emprunter des cars locaux pour continuer à avancer.

Nous arrivons le 27 avril à Mérida, autrefois Emerita Augusta, fondée en l'an 25 av. J.-C. pour être le siège des légions romaines de la province de Lusitania. Aujourd'hui, c'est une ville pleine de vie qui conserve de magnifiques vestiges de l'Antiquité : un amphithéâtre, un gigantesque cirque pour les courses de chars, un aqueduc aérien, un temple à Diane ainsi qu'un long pont sur le fleuve Guadiana. Nous y restons deux jours à flâner et à nous émerveiller des ruines. D'ailleurs, tout au long de la Via de la

Plata, le marcheur peut voir plusieurs autres vestiges des temps anciens, souvent assez bien conservés, comme les thermes romains encore en activité à Baños de Montemayor.

Début mai, nous arrivons à Salamanca, un autre bijou de ville, le siège d'une des universités les plus anciennes de l'Europe. Nous y restons trois jours pour tout visiter et pour célébrer mon anniversaire en grande pompe, dans un restaurant de la Plaza Mayor. Comme si c'était un cadeau pour moi, il y a là en ce moment la foire annuelle du livre. Je m'offre un petit volume d'œuvres choisies de Miguel Hernández, un poète que je chéris et qui a été tué par les phalangistes non loin de là. Il me fait plaisir de voir que sa parole reste vivante en Espagne, tout comme celle de Lorca et de Machado, d'autres victimes du fascisme. Quelques jours auparavant, un dimanche, alors que nous étions dans la jolie ville de Cáceres, les haut-parleurs installés sur la Plaza Mayor diffusaient des poèmes de Hernández chantés par divers interprètes. Il était émouvant de les entendre encore, de les savoir toujours aimés en Espagne, tandis que les bourreaux du poète sont tombés dans l'oubli.

À Villanueva de Campeán, tout à fait par hasard, nous faisons une rencontre attendrissante. À l'entrée d'une maison de ce village presque désert, je m'adresse à un homme pour lui demander la direction d'un bar. Il fait une grosse chaleur ce jour-là et nous voulons faire une pause après 15 km de marche. « Il n'y a pas de bar ici, répond-il. Mais d'où venez-vous ? » demande-t-il, curieux. Je réponds que nous sommes sur la Via de la Plata depuis Séville, et cela le surprend : il est étonné surtout de voir des Canadiens parlant l'espagnol. Nous échangeons ainsi quelques mots et je m'apprête à repartir. Or, il se trouve qu'il attend son épouse, Candida, car ils vont déjeuner dans la ville de Los Corrales, à quelques kilomètres de là. Et il offre de nous y conduire dans son auto. Nous acceptons volontiers, car le soleil cogne fort et nous n'avons presque plus d'eau. Il nous invite alors à entrer pour visiter la vieille maison de campagne qu'il est en train de rénover et dont il est très fier. Il se nomme José, et c'est un ancien policier de la Guardia Civil, maintenant à la retraite, qui vit à Zamora. Il vient souvent à Villanueva pour s'occuper des nombreux vignobles que son épouse et lui possèdent autour du village. Naturellement, il nous fait goûter son vin en attendant que sa Candida soit prête. Cette dernière paraît aussi ravie que lui de nous avoir rencontrés, et nous allons ensemble à leur restaurant habituel de Los Corrales. Ils nous présentent au patron et au serveur, et nous passons un bon moment à manger et à bavarder. Au moment du dessert, je demande de l'*orujo* ; ils sont tous très contents de voir un étranger apprécier leur eau-de-vie. Il va sans dire que Ilse et moi avons droit à de belles rasades, pour le grand plaisir de José. Il ne boit jamais d'*orujo*, seulement du vin mélangé à de l'eau. « J'étais motard dans la police… », ajoute-t-il comme pour s'excuser. Mais étonnamment, il est un distillateur passionné d'eaux-de-vie de fruits et il se dit impatient de me faire voir son alambic, chez lui à Zamora. « Je fais ça pour mes amis ; ils sont nombreux à être de bons buveurs », ajoute-t-il.

Au moment de partir, pas question que je paye. Nous sommes ses invités, et il avait déjà réglé l'addition avec le patron. Los Corrales était notre étape pour cette journée-là, mais José nous assure qu'il n'y a pas d'hôtel, que tout y est encore fermé, et que son épouse et lui se feront un plaisir de nous emmener à l'étape suivante, Zamora, où ils habitent. Est-il vrai qu'il n'y a pas de gîte au village ou est-ce un pieux mensonge pour passer une journée en notre compagnie ? Peu importe. Nous acceptons, surtout qu'en chemin il nous fera voir l'un de ses vignobles et qu'il doit me montrer ses installations de distillation. Candida est aussi contente de nous montrer leur belle maison de Zamora.

Les ceps de leur vignoble commencent à peine à bourgeonner. Ce sont des souches anciennes, appelées « *primitivo* », que José est fier de garder encore en grande quantité malgré les modes venues de l'étranger. En chemin, nous nous arrêtons pour qu'il récupère des plants dans des parcelles abandonnées — la famille de Candida possède tant de vignobles qu'ils ne sont pas en mesure de s'occuper de tout — pour les transplanter dans d'autres sites et ainsi préserver leurs souches rares. Il est tout content de nous montrer son savoir-faire sur de jeunes ceps pendant que nous le photographions. Nous poursuivons vers leur maison à Zamora, une belle propriété au vaste jardin rempli d'arbres fruitiers que José et Candida nous font visiter dans le moindre détail. L'alambic est en effet formidable et occupe une bonne moitié d'un hangar, parmi des tonnelets d'eau-de-vie. Nous hôtes nous présentent à leur fille et à la belle-mère, nous dégustons d'autres *orujos* et, comme nous refusons poliment leur offre de rester à souper, ils téléphonent enfin à un hôtel pour nous réserver une chambre. Il va sans dire qu'au moment de nous quitter, José a pour nous une bouteille d'eau-de-vie de son cru, « pour le chemin », comme il dit. Voilà une de ces journées magiques de fraternité entre petits vieux, facilitée par la langue commune, sans même que nous ayons eu besoin de savoir nos noms de famille. C'est curieux comme ce genre de rencontres nous arrivent souvent durant nos randonnées, tandis que nous sommes si sauvages chez nous, à Montréal. Peut-être est-ce parce que nous savons que notre chemin va continuer et que nous ne nous reverrons plus jamais...

Zamora est une autre ville charmante, remplie d'édifices anciens, avec son château, sa cathédrale, ses remparts et sa multitude de petites églises dans son centre historique. Nous y restons deux jours. Au musée de la Semaine sainte, nous découvrons, fascinés, une vaste collection de pasos, ces énormes autels portés à dos d'hommes pendant la semaine sainte, si lourds qu'il faut parfois jusqu'à quarante membres des confréries religieuses pour les soutenir. Leurs décorations, leurs statues et leurs images sont d'un luxe baroque excessif, souvent même sinistre, tout en étant d'un réalisme à faire frissonner par leur beauté tragique. Le souvenir de ces images habitera longtemps mon esprit. Zamora est d'ailleurs célèbre par ses processions aux allures du temps de l'Inquisition.

Nous décidons de poursuivre la Via de la Plata jusqu'à Astorga, et de là de continuer sur le Camino Francés, plutôt que de bifurquer par le Camino Sanabrés. Les étapes de ce dernier sont trop longues pour nos vieilles jambes et les gîtes y sont rares, car il avance à travers une région très peu habitée. Astorga, quelques jours plus tard, nous accueille comme une vieille connaissance. La multitude de pèlerins qu'on y trouve ajoute un air de fête à la journée ensoleillée.

Ensuite, sans douleurs à la hanche comme autrefois, nous parcourons les 250 km qui séparent Astorga de Santiago de Compostela comme s'il s'agissait d'une simple promenade nostalgique. Il fait beau, la nature est remplie de fleurs et de gammes de vert, et je me plonge dans la contemplation de tous les paysages de chemins que je vais peindre une fois de retour dans mon atelier. La présence des nombreux autres marcheurs n'est pas aussi dérangeante que nous l'avions cru, surtout que nous évitons les gîtes pour pèlerins. Outre les hôtels, cela nous permet de loger dans de magnifiques propriétés rénovées avec beaucoup de goût pour servir de *casas rurales*. Certaines sont de véritables bijoux anciens ; nous avons alors l'impression de vivre en plein Moyen Âge avec tout le confort des temps actuels. À Brea, pendant l'avant-dernière journée de marche, nous passons saluer le couple de propriétaires du restaurant-hôtel O Mesón, qui m'avaient entouré de soins en 2004, lorsque j'étais estropié. Et nous arrivons à Santiago le 27 mai, sous une pluie torrentielle, la seule de tout le parcours. Une fois de plus, nous ressentons l'étrange mélange d'allégresse et de mélancolie qui assaille tous les marcheurs à la fin du voyage. Seule une question demeure : allons-nous y revenir un jour ?

.

En guise de conclusion, je ne peux que m'étonner de la curieuse métamorphose qu'a subie mon existence depuis plus d'une dizaine d'années. Si j'avais lu une histoire semblable dans un roman, cela m'aurait agacé à cause de son peu de crédibilité. Pourtant, je dois me rendre à l'évidence qu'une telle transformation a bel et bien eu lieu, brusquement, à partir de ma soixantième année de vie. Elle est arrivée sans signes précurseurs indiquant sa source ou sa direction. Le vieillard, jetant du lest pour se préparer à la mort, ne pouvait en aucun cas s'attendre à de telles aventures. Fumeur et amateur d'alcool depuis toujours, habitué à rester enfermé dans mon atelier, je m'attendais à pire que ça. Si je relis *L'amour du lointain* à la recherche de traces de cette existence nouvelle, en quête de ses origines, le résultat est plus énigmatique encore. Tout dans ce livre-là, comme dans mes romans antérieurs, indique des orientations distinctes de ce qui est arrivé. Même que j'éprouve de la difficulté à me souvenir de ma vie d'avant tous ces chemins parcourus. Qu'est-ce que je faisais alors avec tout le temps que je consacre maintenant à la marche ?

Partir, c'est mourir un peu, dit-on. Voilà peut-être une piste de solution à ces questions. Chacun des départs pourrait bien signifier une sorte d'adieu à ma vie, à mon atelier et à ma table de travail. Ou même une sorte de préparation à la mort. Cela peut avoir du sens. En effet, chaque fois que je pars pour de longues randonnées, je laisse tout en arrière, bien ordonné, chaque chose à sa place, les tableaux, les dessins et les manuscrits achevés. C'est comme si je m'en allais pour ne plus revenir. Des suicides symboliques ? Peut-être. De toute façon, au delà du seul plaisir de la marche ou du dépaysement, ces départs sont de réelles fractures avec mon quotidien ; cela constitue aussi le noyau de leur attrait. Je me rends ainsi compte, une fois de plus, que le thème de la rupture, de l'exil ou de la fuite est un trait essentiel de mon identité la plus profonde. J'avais déjà abordé cette question dans quelques-uns de mes livres et je reconnais qu'elle est aussi prédominante dans mon choix de lectures depuis ma jeunesse. Cette passion du large enracinée en moi est puissante et elle déteste tout repos. Il s'agit d'une tendance à une sorte de fuite en avant, comme si j'avais continuellement peur que mon présent devienne un bourbier. Ou comme si je craignais qu'un passé ténébreux, tapi au fond de ma mémoire, ne fût toujours prêt à me rattraper pour m'étouffer. Pourtant, je me sens un homme heureux, comblé affectivement et fort satisfait de toutes mes réalisations. Mais ce besoin constant de départs pourrait signifier que mes aventures plastiques et littéraires, en dépit de leur extension et de leur intensité, ne sont plus en mesure de me protéger contre l'angoisse primordiale d'être simplement vivant.

Voilà des questions qui resteront sans doute ouvertes, sans réponse claire, comme le sont les questions qui nous aident à vivre intensément. Et puis, après tant de milliers de kilomètres parcourus, le mal est fait : Ilse et moi ne sommes plus capables d'arrêter de chercher d'autres sentiers à emprunter. En outre, l'exercice de la marche nous a fait découvrir le plaisir de manger en ayant une sensation de faim extrême. C'est une chose que la vie sédentaire ne nous apprend jamais. Enfin, j'ai connu le paysage comme objet plastique rempli de défis et de mystères. Mes nombreux tableaux de chemins qui ne mènent nulle part s'empilent dans mon atelier, et le désir de faire encore des découvertes pour créer de nouvelles toiles ne paraît pas en voie de tarir. Mon attrait pour la figure humaine, au contraire, semble céder le pas à mes chemins vides de présence, de bruit ou de passion. Ainsi, la pipe au bec et le bourdon à la main, comme dans la lithographie d'Ernst Barlach (*La mort pèlerine*, 1923), je compte continuer à avancer pour narguer la camarde tant que je le pourrai. Au moment où j'écris ces lignes, nous revenons d'un voyage d'environ 500 km le long du GR-92, depuis Portbou, à la frontière française, jusqu'au sud de la Catalogne. C'est un sentier magnifique, qui longe la Costa Brava et la Costa Dorada en passant par des villages adorables. Nous sommes dans une forme superbe et nous pensons déjà au parcours de l'année 2014. Ce sera une bonne randonnée au Portugal et en Espagne, entre mai et juin, pour célébrer mon soixante-dixième anniversaire de naissance, sans doute dans notre modeste restaurant de Lisbonne, par un repas aussi bien arrosé. Ensuite, peut-être à l'automne, une troisième traversée de la Suisse pendant que nos jambes sont encore capables de nous porter, histoire de passer une autre nuit à siroter du kirsch au col de Saint-Gothard. La littérature devra attendre…

Enfin, au lecteur qui m'a accompagné jusqu'ici, s'il trouve que sa vie marque le pas, je lui souhaite de s'inspirer de nos aventures pour rompre les amarres et partir sur les chemins. Quels qu'ils soient, les chemins de marche qui le feront rêver.

Buen camino !

Gisèle Villeneuve, *Outsiders*, nouvelles.
Claude-Emmanuelle Yance, *Cages*, nouvelles.
Claude-Emmanuelle Yance, *La mort est un coucher de soleil*, roman.

GARANT DES FORÊTS
INTACTES

Deuxième tirage

Cet ouvrage composé en Filosofia
a été achevé d'imprimer en février deux mille quinze
sur les presses de

imprimerie gauvin

(Québec), Canada.